気にしない、気にしない

ひろさちや

PHP文庫

○本表紙図柄＝ロゼッタ・ストーン（大英博物館蔵）
○本表紙デザイン＋紋章＝上田晃郷

気にしない、気にしない——目次

第1章 他人を気にしない

第2章 世間を気にしない

第3章 未来を気にしない

第4章 過去を気にしない

第5章 もっと自由に――気にしない極意

第1章

他人を気にしない

1　買う気もないのに値段が知りたい日本人

インドでの買物がおもしろいですね。

これはインドばかりでなしに、東南アジアやアラブの諸国でも同じですが、そもそも商品に値札が付いていません。客がお店の人に、

「ハウ・マッチ？（いくらですか？）」

と問うことから、商談が始まります。

ところで、多くの日本人が誤解していますが、この「ハウ・マッチ？」は、正しく言えば「わたしはこれを買いたい」と意思表示していることです。ところが日本人は、買う気もないのに値段を知りたいと思う。それがインド人には解せないのです。だから一度「ハウ・マッチ？」と訊《き》くと、彼らは執拗《しつよう》に売りつけようとします。

「あなたは、いくらなら買いますか？」

と、こちらの希望価格を聞いてきます。それを日本人は〈うるさい〉と思いますが、インド人にすれば、買う気もないのに値段を尋ねる日本人のほうがおかしいのです。文化の違いですね。

さて、「ハウ・マッチ?」と問えば、彼らは自分の希望価格を言います。その指値《さしね》をこちらが値切ります。その交渉が楽しいですね。たいていは、先方の七割か六割に、うまくいけば半分ぐらいにまで負けさせることができます。わたしなどは三分の一以下に負けさせることができます。いや、できましたと過去形で言うべきでしょうか。だってわたしはもう八十歳の老人です。すっかり海外旅行とは縁がなくなりましたから。

それはともかく、これも過去形ですが、インドでの買物風景には、こんなことがしばしば見られました。

ある人が、インド人が三千ルピーを提示した商品を二千ルピーに負けさせて、ツアーバスに乗っていました。あとから同じ商品を買った人がバスに帰って来ます。

「それ、いくらで買いました?」

きます。

「千五百ルピーです」

そう聞くと、最初の人はあわててバスを降りて、インドの商店主に抗議に行きます。彼の言い分は、

「俺に二千ルピーで売った品物を、別の日本人に千五百ルピーで売った。俺は五百ルピー損した。だから俺に五百ルピーを返金しろ！」

というものです。この言い分、あなたは正しいと思いますか？日本人であれば、この言い分にも少しは理があるように思うでしょう。でも、インド人には、これがまったく理解できません。

インド人はこう言います。

「あなたは、二千ルピーで納得してその商品を買ったのだろう。わたしが他の人にそれをいくらで売ろうとわたしの自由である。あなたには関係のないことではないか」

さて、日本人の言い分と、インド人の主張、読者のみなさんはいずれを支持されますか？たぶん理屈の上ではインド人、心情的には日本人を支持することになるのではないでしょうか。

海外旅行ということで、昔の思い出話を書きます。

上海に行ったときです。最初に到着した夜、ホテルでの夕食を終えたのが八時半。団長であるわたしは、

「これから夜の上海の街をぶらぶら歩きしたい人は、わたしが案内します。疲れている方は、どうか部屋で休んでください」

と提案しました。だが、誰も意思表示をしません。そこで二、三人に、

「あなたはどうしたいのですか？」

と尋ねると、「みんなが街に出かけるのであれば、わたしも行きます」といった返事。あれには呆《あき》れ返ってしまいました。

でも、そんなこと、わざわざ海外旅行を持ち出す必要はありません。日本の国内でだって、レストランに入って、日本人は、

「あなた何にする？」

「そうね、ピラフにしようかしら……」

「ピラフもいいけど、カレーもおいしそう」

「じゃあ、カレーにしようかしら」

「あなたがカレーにするなら、わたしもカレーにするわ」

と、他人の胃袋に入るものまで気にしています。

おかしいですよね。他人は他人、自分は自分ではありませんか。


「おまえと俺とは別な人間なんだぞ。早え話がだ、俺がイモを食っておまえの尻からプッと屁が出るか？」

これは車《くるま》寅次郎の台詞《せりふ》です。車寅次郎というのは、映画「男はつらいよ」の主人公です。人呼んでフーテンの寅さん。扮《ふん》する俳優は渥美清。見事な名言です。

でも、それが分かっていても、われわれは他人のことが気になります。どうしてなんでしょうか？

なぜか？　と問われて、すぐに思いつく理由は、われわれ日本人が農耕民族だということです。

牧畜民族、遊牧民族であれば他の集団とできるだけ離れて生活します。そうでないと、馬や牛、羊の飼料が不足するからです。けれども、農耕民族は水源の近くに密集して生活せねばなりません。だから他人の行動がいちいち気になるのです。

でも、現在の日本人は農耕民族ではありません。農業人口は一割にも達しないほどです。

それに、インド人も農耕民族です。ところが、日本人とインド人はまったく違った思考をします。

それゆえ、日本人がなぜ他人のことがいちいち気になるのか、農耕民族だから……という理由では説得できません。

じゃあ、どういう理由か？　われわれはゆっくりとその理由を考察しましょう。何はともあれ、日本人がすぐに他人のことが気になる民族だということだけは明らかです。われわれはここからスタートしましょう。

2 他人が不幸にならないと幸せになれない？

わたしが大学生のころ、というのは昭和三十（一九五五）年のころですが、寄席に行ったら、落語家がなかなかいいことを言っていました。

「あーあ、金さえありゃあ、貧乏なんてちっともつらくないんだけど……」

落語家の名前は忘れてしまいましたが、あの言葉はいまだに耳に残っています。ほんとしびれる言葉でした。

のちにベンジャミン・フランクリン（一七〇六―九〇）の『自伝』（『フランクリン自伝』松本慎一・西川正身訳、岩波文庫）を読んでいたら、彼は、

人間の幸福というものは、時たま起るすばらしい幸運よりも、日々起って

来る些細な便宜から生れるものである。

と書いています。われわれが幸福になるためには、それほどの大金は要りません。ほんのちょっとしたお金があれば、生活はそこそこ快適です。逆に大金を持っていれば、資産運用に苦労し、株で損をしないかと不安になります。そうすると不幸になります。

たしかに、ほんのちょっとしたお金があれば、貧乏なんて気にしないで幸福になれるのです。あの落語家の言う通りです。

ところが、晴山陽一氏の『すごい言葉』（文春新書）には、次の二つの幸福に関する名言・名句がありました。

自分が幸福になるだけでは不十分だ。他人が不幸にならないと……。

人の幸福は、他の人の不幸の上に築かれている。

前者はフランスの作家のジュール・ルナール（一八六四―一九一〇）のもの。後者はロシアの作家のイワン・ツルゲーネフ（一八一八―八三）のものです。いずれも辛辣《しんらつ》な言葉ですよね。しかし、二人の作家が言っていることは、われわれに容易に納得できます。

たとえば、小学生が算数のテストに百点をとって、母親に報告します。すると母親は、

「あら、よくやったわね。ところで、そのテストに、百点は何人いたの？」

と問います。子どもが、百点とったのは六人いたと答えると、

「そう、あなたのほかに、五人も百点がいたの……。じゃあ、この百点、あまり値打ちがないわね」

と母親が言うでしょう。わたしが百点をとっただけでは幸福になれず、他人

が悪い点をとってくれないとわたしは幸福になれないのです。

だとすれば、他人のことが気になるのは、日本人の民族性ではないのかもしれません。人間は誰だって、他人のことが気になるのです。そうですよね。

3　もし神様に願いをかなえてやると言われたら

こんなジョークがユダヤにあります。

二軒並んで営業している肉屋の一軒に神様がやって来て、

「そなたの願いは何なりとかなえてやる」

と言われました。それで肉屋が喜んで希望を言おうとすると、神様は、

「まあ、待て待て。じつは、おまえに授《さず》けてやることの二倍を隣の肉屋に授けてやることになっておる。おまえが一億円を授けてほしいと言えば、すぐにおまえに一億円を授けてやる。しかし同時に、隣の肉屋には二億円を授けてやることになっておる。それをよく考えて、おまえの望みを言いなさい」

と注意されました。

肉屋は困りました。そこで彼は、神様に質問します。

「では、神様、わたしが不幸を望めば、隣は二倍不幸になるのですか?」

「その場合は、まあそうなるわけじゃ」

「分かりました。では、神様、どうかわたしの片目を潰《つぶ》してください」

お分かりになりますね。彼の片目が潰れると、隣の肉屋は両目が潰れることになるわけです。

せっかく彼は幸福になれるチャンスを与えられながら、むしろ不幸を選択してしまったのです。他人を気にすれば、そういうことになりかねません。

では、どうすればいいのでしょうか?

簡単です。他人のことを気にしなければよいのです。

どうすれば他人のことを気にしないでいられるか、その方法についてはのちの章で考察することにします。ここでは、われわれが他人のことを気にすれば、どうしてわたし自身が不幸になるか、その理由を考えてみましょう。

　まず、片目が潰れるのと両目が潰れるのと、どちらがより大きく不幸ですか？　あなたはきっと、〈そりゃあ、両目が潰れるほうが不幸だ〉と思っているでしょう。でも、本当にそうですか？　神様はご自分の手で人間の目を潰されるわけではありません。偶然だとか事故だとかにかこつけて、目を潰されるのです。

　そこで、片目を潰される場合を考えてみましょう。たとえばその男が浮気をして、愛人から三千万円のダイヤの指輪を買ってくれとせがまれた。男は、「そんなもの、買えるか?!」とにべもなくはねつけます。それで愛人が、ナイフでもって男の片目を傷つけました。そういうことも考えられます。

　そうすると男の妻が、亭主を馬鹿にします。片目が潰れたのは自業自得だと言って、一生亭主を軽蔑し続けます。その男は不幸です。

　それに対して両目の潰れた男は、その妻が蹴《け》つまずいて、持っていた鍋の熱湯を亭主に浴びせた。そのために亭主が失明しました。こういうケースだと、妻は夫に対して親切になります。だとすると、むしろ両目を失った男のほうが幸福ではないでしょうか。もっとも、それでも片目のあるほうが幸せかもしれません。ともあれ、片目よりも両目を失ったほうが二倍の不幸、といった単純な計算は成り立たないと思います。

それから、一億円よりも二億円貰ったほうが二倍の幸福――といった単純な計算も成り立ちません。一億円貰った男が、それでもって余裕のある生活をし、のんびりゆったり、楽しく暮らす可能性もあります。一方、二億円を手にした肉屋が、そのために競輪・競艇・パチンコにのめり込み、ついには借金で首が回わらず、自殺するはめに追い込まれることも考えられます。

どちらが幸福か、それは分かりませんね。ということは、わたしたちは隣人を気にしないでいいのです。もし神様が、

「そなたの願いを聞き届けてやる。ただし、隣にはそなたに与える恩恵の二倍を与えることになっておる。それをよく思案して、そなたは願いごとをせよ」

と言われたら、あなたは神様にこう言えばよいのです。

「隣の人に神様が何を与えられるか、それは神様と隣の人との問題です。わたしには関係はありません。わたしは神様に、次のようにお願いします」

そうして、自分にふさわしいお願いをします。そのようにすれば、きっとあなたは幸福になれます。

4　三角形の一辺は無関係

嫁と姑の関係ってむずかしいですね。

あるとき、仏教講演会のあとで、聴衆のなかの一人の女性からこんな質問を受けました。

「先生、お浄土に往《い》けば、この世で有縁の人と再会できると聞きましたが、本当にそうですか？」

「はい、『阿弥陀経《あみだきょう》』という経典には、〝倶会一処《くえいっしょ》〟と説かれています。この世で縁のあった人と、浄土で再会できるといった意味です。だから、まちがいなく有縁の人と再会できますよ」

と、わたしは答えました。

すると彼女が言いました。

「そうですか。それならわたしはお浄土に往くことをやめます。わたしは、死んだら地獄に行きます」

わたしはピンときました。

〈ああ、この人は、お姑さんのいる極楽世界に往きたくないんだ。それでお姑さんのいない地獄に行きたいんだ〉

そう指摘すると、まったく図星でした。

彼女は死んだあとまで、お姑さんを怨《うら》んでいるのです。執念深いですね。

この嫁と姑の板挟みになって悩んでいるのが嫁の夫、姑の息子です。双方から、

〈あなたはわたしの味方であるべきだ。向こうの味方をしてはならない〉

と思われていて、何を言ってもどちらかの不興《ふきょう》を買います。本当に処置なしです。

では、どうすればよいのでしょうか……？

この問題に関しては、こうしたらよいといった的確なアドバイス（助言）は

ありません。それぞれの人がそれぞれのケースに応じて、うまい解決策を工夫すべきです。ただその場合に、次のことだけ知っておいてください。それは、

――三角形の一辺は無関係――

ということです。嫁と姑の場合だけでなしに、いかなる人間関係にもこの定理が当てはまります。

夫を中心に話を進めます。夫と妻と母がいます。この三人が三角形を構成します。夫を頂点に置けば、妻と母が底辺の両端の点になるわけです。

で、夫と妻の関係は、夫の態度いかんによって良くなったり悪くなったりします。つまり、夫の努力によって二人の関係が改善されたり改悪されたりするわけです。もちろん妻の性格にもよります。しかし、妻の性格は、夫の努力によってある程度は変わるのですから、ともかくここで問題になるのは夫の努力です。

同様に、夫と母の関係も、夫の努力いかんによって良くなったり悪くなったりします。

したがって、夫は、自分と妻との関係を良くしようと努力すべきです。ま

た、努力することができます。

そして夫は、自分と母との関係を良くしようと努力すべきです。また、努力することができます。

けれども、夫は、妻と母との関係を良くしようとすることはできません。妻と母との関係は、夫がいくら気に病んだところでどうにもなりません。それが良くなるのも悪くなるのも、双方の努力いかんによります。

その意味で、底辺を構成する妻と母との関係は、夫には無関係です。それが「三角形の一辺は無関係」の定理です。

けれども、誤解をしないでください。たしかに妻と母との関係は、夫には無関係です。だが、無関係だといっても、〈わしゃ知らん〉といった冷たい態度をとれば、夫は双方から攻撃されるでしょう。夫は、妻が母と対立していることを承知の上で、自分と妻との関係を良くするように努力すべきです。そして息子は、母が自分の妻と対立していることを承知の上で、自分と母との関係を良くするように努力すべきです。

具体的にどのように努力すべきか、ケース・バイ・ケースです。これじゃあ、何もアドバイスしたことになりませんが、まあ、嫁と姑の対立は、人類が大昔から悩んできた問題で、おいそれと解決できない問題だとあきらめてください。その上で、「三角形の一辺は無関係」といった定理だけは覚えておいてください。読者のあなたがいくら無関係の一辺を良くしようとやきもきしても、どうにもならないのですから。そのかわりあなたは、あなたに関係のある二辺――あなたと妻との一辺と、あなたと母との一辺――を良くしようと努力してください。それがあなたにできるすべてです。

この定理は、あらゆる三角関係に当てはまります。

母親が、娘とその父親（母親からすれば夫）との仲が良くないのでやきもきしています。しかし、母親がいくら心配しても、娘と父親の関係が良くなるわけがありません。二人の関係を改善できるのは、二人の双方の努力によるしかありません。母親は、「三角形の一辺は無関係」と割り切って、自分と娘との関係、自分と夫との関係を良くすることに努めるべきです。

ともかく、自分の努力だけでは変えることのできない他人どうしの関係を、あまり気にしないことです。それが三角関係において、わたしたちがとるべき態度です。

――気にしない、気にしない――

をモットーにしてください。そのほうが精神衛生によろしいかと思います。

5　嫌いな人の欠点や失敗に目を光らせない

学校のクラスにおいて、あるいは職場において、自分の好きな人と嫌いな人がいます。かりにAとBにしておきます。好きな人がAで、嫌いな人がBです。

ところが、おもしろい（?）ことに、そのAとBが仲が良いのです。すると多くの人は、そのことを不快に思います。わたしの好きなAさんが、あんないやなBさんに好意を寄せているのは許せない。AさんはBさんを嫌いになるべきだ。そう考えてやきもきするのです。

われわれは、おかしなことに、「敵の味方は敵、敵の敵は味方」と考えてしまうようです。実際はそうではないのに……。

しかし、ここでも「三角形の一辺は無関係」ですよ。AさんがBさんに好意を持とうが、逆に嫌いになろうが、あなたにとっては無関係です。だから、気にしない、気にしない。何もやきもきする必要はありません。あなたは、ただAさんとの関係を良くしようと努力すべきです。

そしてBさんについては、あなたはあまり関心を寄せないこと。ややもすれば、われわれは嫌いな人に対して関心を持ち、その人の欠点や失敗に目を光らす傾向がありますが、そうしたところで自分とBさんとの関係になんの変化もありません。相手を監視しようとしている時間だけ損をします。嫌いな人に対しては無関心でいることがいちばん精神衛生によいでしょう。

そうですね、俗に〝しかと〟という言葉があります。花札の十月の紅葉の十点札には、鹿が横を向いて知らんぷりをしている絵柄があります。鹿の十点だから〝しかと〟になり、相手を無視する意になりました。あなたは嫌いな人をしかとしてください。わたしはそれをおすすめします。

6　宗教では「神」と「わたし」だけ

この章の3節で紹介したユダヤのジョークには、神の他に隣の肉屋が登場しました。それゆえ、「神」と「わたし」と「隣人」という、一種の三角関係になりました。

でも、これはジョークだから三角関係になるのです。ジョークは巷《ちまた》の話です。読者はこれを宗教の話とは思わないでください。

宗教の話は、三角関係にはなりません。

宗教の話は、あくまで、

——「絶対者」と「わたし」の関係——

なんです。そこに第三者が登場することはありません。どうもわたしたちはそこのところがしっかりと分かっていないので、ついつい他人のことが気になってしまうのです。

われわれが他人のことが気になるのは、要するに宗教心がないからではないでしょうか……。

浄土真宗の開祖の親鸞（一一七三―一二六二）が、言っています。

善人なをもて往生をとぐ、いはんや悪人をや。（『歎異抄』）

善人だって往生できるのだから、悪人が往生できるのは当然だ。そう言っているのです。〝往生できる〟ということは、阿弥陀仏の救いに与《あずか》ることができるということです。

じつはこの言葉は、最近の研究によると、親鸞のものではなく、親鸞の師であった法然（一一三三―一二一二）のものだとされています。でもわたしたちは、いちおうこれを親鸞の言葉としておきましょう。

さて、この言葉は、われわれの常識を覆《くつがえ》します。常識的には、悪人が救われるくらいであれば善人が救われるのは当然、となります。劣等生でも大学に入学できるのであれば、優等生が入れるのはあたりまえ。そういう理屈になります。

ところが親鸞はそれを逆にするのです。善人が救われるのであれば、悪人が救われるのは当然だ。そう親鸞は言うのです。

なぜでしょうか……？

じつは親鸞は、自分はとんでもない悪人だと自覚していました。そしてそのような悪人が救われるのは、ただ阿弥陀仏の救済力に頼る以外に方法がないと考えたのです。

悪人である自分は、戒律を守り、まじめに修行することはできない。善行《ぜんこう》を積む力はない。ただただ阿弥陀仏のお力に頼るばかりだ。そう彼は信じたのです。そして、すべてを阿弥陀仏におまかせしました。

ここに親鸞と阿弥陀仏の関係があります。

「阿弥陀仏よ、わたしを救ってください」

「よろしい。わたしにまかせなさい」

それが一辺です。ところが、阿弥陀仏にはもう一辺があります。

それは、阿弥陀仏と善人との関係です。

しかし親鸞は、その一辺には関心はありません。阿弥陀仏が善人を救われるか／否か、彼にとってはどうでもよいことです。ただ阿弥陀仏が悪人である自分を救ってくださるかどうかが、親鸞の関心のすべてです。

したがって、宗教的には三角関係なんてありません。宗教においてあるのはただ一辺だけ、「絶対者」と「わたし」の関係だけです。

ユダヤのジョークは、あくまでもジョークですから、「絶対者」と「わたし」の関係の他に「隣人」を登場させて、三角関係にしてしまったのです。同じジョークにしても、わたしは次のようなユダヤのジョークのほうが好きです。


ある夫婦がラビ（ユダヤの律法学者）のところへ相談に来ました。まず夫の方が自分の立場を話すと、ラビは「あなたが正しい」と言いました。

次に妻の方が自分の立場を話すと、ラビはまた「あなたが正しい」と言いました。そこで夫がたずねました。「しかし先生、二人とも正しいということがありますか？　妻も正しい、わたしも正しいとはおかしくありませんか？」と問いますと、ラビ曰く、「あなたが正しい」。

これはモリス・シュヴァルツ著『幸福な死のためのわたしの哲学』（松田銑訳、飛鳥新社）からの引用です。ラビと夫婦とは三角関係になっていません。あくまでも「わたし」と「あなた」の関係です。宗教的にはこのほうが正しいのです。

だから親鸞の場合にしても、あくまでも「阿弥陀仏」と「親鸞」の関係です。

けれども親鸞は、自分の思想を人々に分からせるために、わざとパラドックス（逆説）を語ったのです。世間の人は、悪人よりも善人のほうが救われる確率が高いと思っているようだが、それは違う。善人は、別段阿弥陀仏に頼まなくても、他の方法によって救われる。しかし、悪人はただただ阿弥陀仏に恃《たの》む以外に救われる途《みち》はない。だから真剣に阿弥陀仏を恃む。そこで阿弥陀仏は、そういう悪人をまず救われる――。それが親鸞の主張です。わたしはそういうふうに解釈をしています。

7　他人を気にする人は救われません

ともあれ宗教は、他人に対する無関心をすすめています。

釈迦は次のように言います。

他人の過失を見るなかれ。他人のしたこと、しなかったことを見るなかれ。ただ、自分のしたこと、しなかったことだけを見よ。（『ダンマパダ』五〇）

〈仏はどうしてあのような悪人を赦《ゆる》され、救われるのであろうか……?!〉

わたしたちがそう考えたとき、自分と仏とのあいだの距離が大きくなります。宗教において大事なのは、自分と絶対者との関係だけです。だから親鸞はこう言っています。

聖人のつねのおほせには、弥陀《みだ》の五劫思惟《ごこうしゆい》の願をよく〳〵案ずれば、ひとへに親鸞一人《いちにん》がためなりけり。（『歎異抄』結文）

〔親鸞聖人が常日頃言われていたのは、「阿弥陀仏が五劫という長い長い時間をかけて思惟《しゆい》せられた誓願をよくよく考えてみれば、それはただ自分一人のためのものであった」〕

《ひとへに親鸞一人がためなりけり》――。いい言葉ですね。宗教の世界においては、絶対者とわたしだけしか存在していません。その絶対者の救済意思はただただ、このわたしを救ってやろうとすることにあります。そこに他人は存在しません。

だから他人を気にするな！　です。他人を気にする人は救われませんよ。

❦

『旧約聖書』の「出エジプト記」(20)には、神がシナイ山でモーセに与えたという「十戒」が書かれています。その最初の部分を読んでみましょう。

「わたしは主、あなたの神、あなたをエジプトの国、奴隷の家から導き出した神である。

あなたには、わたしをおいてほかに神があってはならない。

あなたはいかなる像も造ってはならない」

お分かりになりますね。ここでは、神はあくまで「あなた一人」に語りかけておられるのです。他の人間はともかく、あなたはわたし以外の神を拝んではいけない。神はそう命じておられます。

わたしたちは、たとえばスピード違反でつかまったとき、

「だって、他にスピード違反をしている車が多いじゃないか?! なんでわたしだけをつかまえるのか?!」

と喰《く》ってかかるようなことをします。たしかに世俗の法律としては不公平です。だからつかまった人は、〈運が悪かった〉ということになりますが、それは世俗の法律だからです。しかし宗教においては、他人は関係ないのです。

——あなただけはこうしなさい——

というのが宗教の論理です。それが分かっていないと、ついついわたしたちは他人を気にするようになります。そしてじくじくと悩むのです。

ともかく、他人が気になるのは、あなたが宗教心を持っていない証拠です。わたしはそう思いますね。

8　プラス面さえも人を裁いてはいけない

キリスト教においては、イエスがこう言っています。

「人を裁くな。あなたがたも裁かれないようにするためである。あなたがたは、自分の裁く裁きで裁かれ、自分の量る秤で量り与えられる」(「マタイによる福音書」7)

けれどもこれを誤解しないでください。イエスは何も国家の裁判制度を否定しているのではありません。

国家の裁判制度においては、まず裁判官と被告がいます。そして、被告の罪を告発する検察官と、被告を弁護する弁護士がいます。裁判官は検察官と弁護士の意見をよく聞いて判決を下します。もっとも、昔の裁判は検察官や弁護士はいなかったこともありますが、裁判官は被告の弁明・釈明をよく聞いた上で判決を下しました。被告の弁解を聞かずに判決を下すことは、皆無ではなかったにしても、まずはあり得ません。

じつは、イエスが「人を裁くな!」と言うのは、相手の釈明も何も聞かずに、いわば欠席裁判的に他人を裁いてしまう、そういうことをしてはいけない、と言っているのです。

そうそう、わたしたちはよくやりますね。「あの人は悪い人だ」「遅刻ばっかりしている」「約束を平気で破る」といった陰口をききます。それが人を裁いていることです。

で、だとすると、イエスが「人を裁くな！」と言ったことは、ちょっと乱暴な言い方になりますが、

――いっさい他人に関心を持つな――

ということになりそうです。だって、そうでしょう。わたしたちが他人に対して、「あの人はいい人だ」と評価するとき、それも一種の裁きです。人を裁くとき、普通はその人を有罪として裁きます。つまりマイナスの裁きです。しかし、「あの人は立派な人だ」「善人だ」と裁断すれば、それはプラスの裁きをしていることになります。

だから、マイナスであれ／プラスであれ、他人に対していっさい裁断しないこと。それが「人を裁くな！」です。

では、なぜわたしたちが他人に関心を示してはならないのか？

それはABCD……XYZと大勢の人がいて、その各自がそれぞれ神と結ばれているからです。神とA、神とB、神とC、神とD……神とX、神とY、神とZといったふうに、各自が神と関係を持っています。しかし、ABCD……XYZのあいだには横の繋《つな》がりはありません。

そして、ABCD……XYZの人々を裁かれるのは神です。神だけが人間を裁く権能を持っておられる。

しかし、人間には他人を裁く権限はありません。

だからわたしたちは他人を裁いてはならないのです。

どうもあまりにも理屈っぽくなってしまいました。具体的な例を挙げます。

「ヨハネによる福音書」（8）には、姦通の罪を犯した女がイエスのもとへ連れて来られる場面があります。ユダヤの律法によると、姦通罪は石打ちの刑になります。律法学者はイエスを試すために、この女を石打ちの刑に処してよいかと尋ねました。それに対してイエスは、

「あなたたちの中で罪を犯したことのない者が、まず、この女に石を投げな

さい」

と言っています。ところが、誰もその女に石を投げる者はいません。するとイエスは、次のように言っています。

「わたしもあなたを罪に定めない。行きなさい。これからは、もう罪を犯してはならない」

イエスのこの発言の解釈はむずかしいですね。わたしは昔、カトリックの神父さんとこれについて議論したことがあります。

神父さんは、「イエスはこの姦通の罪を犯した女を赦された」と主張されましたが、わたしはそうではないと主張しました。イエスは、この女を裁かなかっただけです。

裁かないのだから、有罪か／無罪かは分かりません。赦すというのは、有罪を前提にしています。わたしはいまでも、イエスは人を裁かなかった——と信じています。

人を裁くことができるのは神だけです。

だからわたしたちは、人を裁いてはいけないのです。ということは、わたしたちは、

——他人に対して無関心であれ——

と命じられているわけです。関心を持てば、ついついわたしたちは他人を裁き、他人を有罪にしてしまうからです。

で、他人を有罪にするわたし自身は、無罪であり潔白なんでしょうか……？

9　嫌いな人を嫌いなまま拝む

では、仏教はどうなんでしょうか？

仏教においては、仏が人々を裁かれるわけではありません。たとえば阿弥陀仏は、善人であれ／悪人であれ、すべての人を救ってやろうとしている仏で

す。そのことは親鸞が言う通りです。

そうすると、仏教において罪人とはどういう人でしょうか？　仏教の考え方だと、わたしたちが罪を犯すのも、すべてが、

——因縁——

のなせる業《わざ》です。一切れのパンを買うお金もなく、しかも背中で赤ん坊が泣いている。自分一人であればなんとか空腹を我慢できても、泣き叫ぶ赤ん坊のために母親がスーパーで万引きをする。あなたがそこまで追い詰められると、あなたは窃盗の罪を犯すかもしれません。しかし、あなたにはそういう因縁がないもので、いまあなたは善人でいられるのです。

もしもわたしがどこかの官庁の高官で、どこかの企業が一千万円の大金でもってわたしを誘惑すれば、簡単にわたしは職権を乱用して収賄罪に問われるかもしれません。しかしわたしには誰も贈賄してくれないもので、そういう因縁でわたしは罪人にならずにすんでいるのです。

何事もみな因縁によります。それが仏教の考え方です。

そこで、こんな話があります。

北野元峰（一八四二―一九三三）は曹洞宗永平寺の第六十七世貫主です。彼はあるとき、東北の刑務所で囚人を相手に講演します。

北野は演壇に立って、合掌してから深く頭を垂れて囚人を拝み、こう言いました。

「お前さんたちはみな仏さまじゃ。仏さまじゃから私は合掌して拝むのだ。仏さまというものはこういう所へ来るものではない。ただ因縁が悪うござんしたなァ。因縁が悪うてこういう所で苦労なさる。お気の毒じゃ。お気の毒じゃ」

そして彼は、あとの言葉も出ないまま降壇しました。

この話は、佐藤俊明『心にのこる禅の名話』（大法輪閣）に出てくるものです。

北野元峰は囚人を裁いていません。その点ではイエスの「人を裁くな！」と同じですが、彼は囚人を拝みます。他者を拝む点で、仏教とキリスト教には差があります。

つまり、仏教は他者に対して無関心ではありません。人間を拝む。すべての人が仏性《ぶっしょう》を持った存在として拝む。仏性というのは、仏の性質です。そこのところに仏教の特色があります。

わたしたちも、できれば他人を仏性を持った存在として拝むとよいと思います。もちろん、人間には好き／嫌いがあります。けれども、嫌いな人をも仏性を持った人として拝んでいれば、あまりその人のことが気にならなくなります。

何も相手を好きになれと言っているのではありません。嫌いな人を嫌いなままに拝んでいれば、その人のことが気にならなくなるのです。わたしは、それが仏教の対人関係の極意だと思います。

10　「お節介」と「妬み」の元は関心から

だいぶ宗教の話ばかりをしてしまいました。われわれはもっと世俗の話をしましょう。

日本には「隣」を題材にしたことわざが数多くあります。ちょっと『新編故事ことわざ辞典』（鈴木棠三編著、創拓社）から拾ってみます。

▼隣きびしければ宝儲《もう》くる……近所に精出す働き者がいると、自然に感化を受けて、よく稼ぐようになるということ。

▼隣小舅《こじゅうと》はやかましい……隣近所の者が、いらぬことまで口を出し批評をする悪習をいう。

▼隣千金に替えん……隣には何かにつけて世話になるから、隣が一番大切である。どんな大金にも替えがたいという意。

▼隣そねみ……隣のことを何かにつけてねたむこと。

▼隣の火事に騒がぬ者なし……直接利害関係のある事柄には、だれもが熱心であることのたとえ。

▼隣の喧嘩の門違《かどちが》え……関係のないところにまでけんかのとばっちりがくること。また、間違いで、とんだとばっちりを受けること。

▼隣の芝生は青く見える……他人の物は何でもよく見えるということ。西洋のことわざ。The grass is always greener on the other side of the fence.

▼隣の糂粏味噌《じんだみそ》……あまりうまいものではない糂粏味噌も隣のものはうまそうに見える。他人の物は何でもよく見えるというたとえ。(著者注・糂粏はぬかみそのこと)

▼隣の宝を数うるごとし……他人の財産を計算してみても、一円の得にもならないことから、何の役にも立たないことをするというたとえ。

▼隣の花は赤い……他人の物はよく見えてうらやましいことのたとえ。変わった物を珍しがって欲しがること。

▼隣の貧乏は鴨《かも》の味がある……隣の家が貧しいのを知るたびに、いい気味でた

まらないということ。

これを見ると、どうやらわれわれは、

――隣に対する「お節介」と「妬《ねた》み」――

をことわざにしているようです。「お節介」と「妬み」は、つまりは「関心」です。「隣の貧乏は鴨の味がある」というのも、隣が貧乏でいるうちはこちらに優越感がありますが、隣がちょっとでも好運に恵まれると、すぐに優越感が崩され、妬みになります。

そのことは、「花咲爺《はなさかじじい》」や「瘤取り爺《こぶとりじじい》」の昔話で明らかです。だいたい昔話においては、一方が正直爺さんで、隣は意地悪爺《いじわる》さんになっています。別段、話の中では何の意地悪もしていないのに、隣に住んでいるだけで「意地悪」にされているのだから、気の毒ですね。

ということは、わたしたちは隣人に対抗意識を持ち、隣人を基本的に「意地悪」と見ていることを意味します。その上で、隣人と友好関係を築こうとするのだから、土台《どだい》無理な話です。あきらめたほうがよさそうです。

とすると、わたしたちは隣人に対して無関心でいるほうがよさそうです。しかし、無関心になろうとしても、隣家の騒音に悩まされたり、マンションで隣の人がベランダに出てたばこを吸い、その煙がこちらに流れてくるような被害を受けます。その被害に泣き寝入りをしろと言うのですか?! それは違いますよね。ともかくいろいろな問題があります。厄介ですね。

11 羨望のまなざしが集まると不幸になる?!

トルコを旅行したとき、目玉のペンダントが売られていました。「これは何か?」と問いますと、商店主は「イヴィル・アイ」だと英語で教えてくれました。英語の“evil eye”は「災いの目」を意味し、それでにらまれると災いが起きる、そのような目です。では、なぜそのような不吉なものを売っているのかと尋ねると、要するにそれは災いの目から自分を守ってくれるお守りなんですね。おもしろいと思って数個購入しました。

あとで調べたのですが、アラビア語で「目」は〝アイン〟と言います。と同時に、〝アイン〟という語は「妬み」の意味にも使われます。

わたしたちが他人の持ち物を羨望のまなざしで眺めます。別段、悪意があるわけではありません。が、

〈あの人、いい物を持っているなあ。わたしも、あれが欲しいなあ……〉

と思って見ると、そのまなざしが見られた物に付着してしまうのです。それがアインです。そして、このアインが付着した物を持っている人は不幸になります。アラビアの人たちのあいだには、そういう民間信仰があります。目玉のペンダントは、このアインから身を守ってくれるお守りなんですね。

それゆえ、アラビアの社会においては、むやみに人の持ち物を褒《ほ》めてはいけません。そうするとそれにアインが付着し、それを持っている人が不幸になります。

「あら、素敵なドレスね。とっても似合っているわよ」

わたしたちはすぐにそうした褒め言葉を使ってしまいます。しかし、それによってその人を不幸にしているのです。そういう理屈になりますね。

では、どうすればよいのでしょうか？

わたしは思うのですが、われわれはもう少し、他人の所有物に無関心になったほうがよさそうです。

他人がどんなドレスを着ていようが、どんな豪邸に住んでいようが、それはわたしには関係ありません。逆に他人がどんな荒屋《あばらや》に住んでいようが、「あっしには、かかわりあいのないことでござんす」です。

他人の所有物を拡大解釈すれば、他人の妻や子どもも、わたしには無関係です。隣の子どもが一流大学に合格しようが／落ちようが、非行に走ろうが、わたしはそれに無関心であってよいのです。いや、無関心であるべきです。

つまり、わたしたちは、

――他人のことは気にしない、気にしない――

ことにしましょう。それがいちおうの結論になります。

第2章

世間を気にしない

I　とかくこの世は住みにくい

夏目漱石（一八六七―一九一六）の『草枕』の冒頭に、こんな名文があります。

山路《やまみち》を登りながら、かう考へた。
智に働けば角《かど》が立つ。情に棹《さお》させば流される。意地を通せば窮屈だ。兎角《とかく》に人の世は住みにくい。

〝情に棹さす〟というのは、〝情に溺れる〟といった意味です。漱石は、人間の智・情・意のいずれもが、世間と抵触することを言っています。たしかに住みにくい人の世です。

けれども、その住みにくい人の世を、なんの屈託もなくすいすいと泳いでいる人がいます。いや、本人に言わせると、

「そりゃあわたしだって、世間のことに相当に気を遣っていますよ。苦労してるんですよ」

というふうになりますが、傍《はた》から見れば極楽蜻蛉《ごくらくとんぼ》で、うまく世間を泳いでいるように見えます。

じつをいえば、わたしがそうなんです。そりゃあわたしだって、世間のことに相当に気を遣っていますよ。しかし、傍から見れば、わたしは極楽蜻蛉のように見えるでしょう。まあ、そう見えるように、わたしはわざと振る舞っています。その結果、わたしはわりと世間を気にしないようになりました。

では、どうすれば世間を気にせずにいられるか？

その極意は、これから少しずつ披露することにします。じつはこれまでも、本書のあちこちで他人を気にせずにいられる極意を書いてきたつもりですが……。

漱石が言うように、《兎角に人の世は住みにくい》ものです。

この住みにくさは、いったいどこから来るのでしょうか？

わたしは、これは帰国子女の悩みに通じると思っていました。海外、とくに欧米で育った子女が日本に帰って来て中学校・高校・大学に入ります。彼らがいちばん悩むのは、周りの同級生たちと何もかも同じにしないといけないという風潮であり、それにプレッシャーを感じるのです。

日本の学校には、制服や校則があります。もちろん、彼らはそれを煩わしいものと思います。

しかし、それればかりでなく、勉強で分からないところを先生に質問すると、「いい子ぶっている」と言われたり、女の子が男の子と自由に話していると、「出しゃばり」と言われます。そういう圧力に悩んでいるのです。

だが、そういう「世間の圧力」が諸外国にないか、といえば、そうではありません。

たとえば、イギリスの作家のサマセット・モーム（一八七四―一九六五）の代表作に『人間の絆（Of Human Bondage）』があります。

この〝絆〟の語が問題なんです。近年は〝絆〟を「連帯」の意味に使う人が多いのですが、本来はこの語は《馬・犬・鷹など、動物をつなぎとめる綱》（『広辞苑』）であって、「繫縛《けばく》」を意味します。そしてモームも、自分を世間に縛りつける束縛（絆／bondage）と格闘し、それから自由になった過程を、この自伝的小説に書いたのです。

だから、二〇〇一年に『人間の絆』（岩波文庫）を訳された行方《なめかた》昭夫氏は、これを『人間の束縛について』といった題名にしようかと思ったけれども、すでに一九五〇年に中野好夫訳が『人間の絆』（三笠書房）として出版され、それが定着しているので自分もそれを踏襲した、と「解説」に書いておられます。

わたしも昔、中野好夫訳を読みましたが、そのときは〝絆〟は「束縛」の意味だと思っていました。

〝絆〟が「連帯」の意味に使われるようになったのは、ひょっとしたら二十一世紀になってからではないでしょうか。

2　日本的な「世間の圧力」に悩まされる

だいぶ余計なことを書いてしまいました。わたしが言いたいのは、帰国子女は日本に帰って来て「世間の圧力」に悩みますが、でも「世間の圧力」があるのは日本だけじゃない——ということです。

モームが世間に「束縛」を感じたように、欧米の社会にだって「世間の圧力」は存在しています。ただ、その性質がだいぶ違っているので、帰国子女は特殊日本的な「世間の圧力」に悩まされるのです。そう見たほうがいいと思います。

では、その違いは何でしょうか?

これは、「世間の圧力」の性質の違いというより、それをはね除《の》ける欧米人と日本人の解決法の差といったほうがよいかもしれませんが、漱石が『吾輩は猫である』の中で、こんなことを言っています。

向《むこう》に檜《ひのき》があるだらう。あれが目障りになるから取り払ふ。と其向《そのむこ》ふの下宿屋が又邪魔になる。下宿屋を退去させると、其次の家が癪《しゃく》に触る。どこ迄行つても際限のない話しさ。西洋人の遣《や》り口はみんな是さ。

『吾輩は猫である』は、明治三十八（一九〇五）年から翌年（一九〇五―六）にかけて発表された作品です。明治時代の漱石は、邪魔物を取り除こうとするやり方を、〝西洋人の遣り口〟と断じていますが、これは二十一世紀の日本人のやり口かもしれませんね。

そして漱石は、続けてこう言います。

西洋の文明は積極的、進取的かも知れないがつまり不満足で一生をくらす人の作つた文明さ。日本の文明は自分以外の状態を変化させて満足を求めるのぢやない。西洋と大に違ふ所は、根本的に周囲の境遇は動かすべからざるものと云ふ一大仮定の下に発達して居るのだ。

明治時代の日本と、二十一世紀の日本とでは、だいぶ事情が違うかもしれません。しかし、奥底のところで日本人の性質は変わらないものとすれば、欧米人は「世間の圧力」をできるだけ減圧しようとします。それに対して日本人は、「世間の圧力」に馴致《じゅんち》しようとする。ということは、「圧力」に対して鈍感になるのです。

鈍感になった結果、自分が荷担して他者に「世間の圧力」を加えていることに気づかない。それが「いじめ」の実態だと思います。すなわち、いじめられているほうは、敏感に被害を感じているのに、いじめているほうは、自分がいじめる側に回わっていることに気づいていません。学校におけるいじめ、職場におけるいじめの大部分が、そういうものだと思います。

帰国子女の悩みも、そこに起因しているのではないでしょうか。

欧米の社会において、「世間の圧力」がないわけではありませんが、彼らはそれをはね除けようとします。でも、日本の社会でそれをやれば、その人は「でしゃばり」としてみんなからいじめられます。そこで漱石と同じく、「とかく日本は住みにくい」と嘆くことになります。

　しかしまあ、社会の構造が違うのだから、仕方がないですね。


　大昔、大正生まれの人からこんな話を聞きました。

　幼時、彼は鎌倉に住んでいた。海岸にあって、見晴らしのよい家でした。ところが、向かいの家が改築して二階建てになったのです。そうすると、彼の家から海が見えなくなりました。

　そこで彼は父に言いました。

「お父さん、あんな家、焼けてしまえばいいのにね」

　すると、その父は息子をぶん殴ったそうです。

「おまえは、他人様《ひと》が喜こんで建てられた家が焼ければいいと言う。そんなおまえは、人間じゃない！」

　それはそれはすごい剣幕でした――と彼は語りました。

　その父親は明治の人で、漱石に通じるものがあります。

けれども、二十一世紀の日本人はどうでしょうか？

父親は子どもを叱る前に、やれ日照権が奪われた、見晴らし権が奪われたと、父親自身が向かいの家を提訴しているでしょう。まさに漱石が言う、《檜が目障りだから取り払う》西洋人のやり方です。

それが悪いと言うのではありませんが、果してそういうやり方で解決できるでしょうか？　訴訟を起こしても、なかなかこちらが満足する判決は得られませんよね。

じゃあ、旧来の日本人のように「世間の圧力」に馴致すればいいか……といえば、それも「長い物には巻かれろ」の泣き寝入りになるおそれがあります。なかなかむずかしい問題です。

3　わたしたちは「自分の人生を生きる」のです

そもそも「世間の圧力」とは何でしょうか？　わたしは、それは、

――期待――

だと思います。世間はあなたに何かを「期待」します。会社はあなたに「期待」を寄せます。それが「圧力」になっているのです。

わたしの娘が以前、オーストラリアからの女子留学生と付き合っていました。彼女の父親がオーストラリア人で、母親は日本人です。だから彼女はバイリンガルで、日本語が堪能《たんのう》でした。

その彼女がノイローゼになって帰国するとき、彼女は娘にこう言ったそうです。

「わたしは日本が大好きだった。でも、日本人がわたしに、『どう、がんばってる？』と、声をかけてくれる、あの〝がんばる〟という言葉だけは嫌いだった。わたしはこんなに一生懸命に、自分の能力いっぱいに努力しているのに、それでも他人はがんばりが足らない、努力が足りないと見ているのよね。それが、わたしがノイローゼになった原因の一つよ」

なるほど日本人は、すぐに人に向かって「がんばってるか？」と声をかけます。あるいは「がんばれよ」と励ましの言葉を言います。

しかし、それはオーストラリア人が言うような、「おまえの努力が足りない。もっと努力せよ」の意味ではありません。彼女にはそのように聞こえたかもしれませんが、日本人にすれば〝がんばれ〟はたんなる無意味な掛け声です。

ところが、それはそうなんですが、よく考えてみたら、わたしたちが何気なく人に、

「がんばれよ」

と声をかける、その言葉が「世間の圧力」を象徴しているかもしれません。それは、

「世間はおまえに期待しているんだぞ。おまえは世間の期待に応えてがんばらないといけない」

と、相手にプレッシャーをかけている。オーストラリアからの留学生が受け取った解釈があんがい正鵠《せいこく》を射ているかもしれません。最近、わたしはそのように考えるようになりました。

では、世間はあなたに何を期待するのでしょうか……？

じつは、それがよく分からないのです。

分からないがゆえに、その「期待」がプレッシャーになるのです。

そうですね、会社はあなたに模範社員を「期待」します。けれども、どういう人間が模範社員なのか、誰にも分かりません。ときと場合によって違います。あまりでしゃばらず、他人と協調性のある社員が「期待」されることもあれば、積極性・行動力のある人間が模範社員とされることもあります。

経営者の「期待」と、中間管理職が部下に「期待」するものは同じではありません。同じであれば社員はわりと楽ですが、上役の「期待」がてんでバラバラだから、社員は「期待」に悩まされるのです。下手をすればノイローゼになります。

人間はカメレオンではありませんから、そういちいち相手の「期待」に応えて、自分を変えることはできません。いえ、カメレオンはまだ楽です。だって、環境に合わせて自分の体色を変えるだけでいいのですから。ところが人間は、相手の「期待」に応じて自分を変えようとしても、その相手の「期待」が明確でないから、困ってしまうのです。まじめな人は、相手の「期待」に応えようとするから、逆にじくじく悩むはめになります。

したがって、わたしたちは、他人の「期待」や世間の「期待」に過剰反応することをやめましょうよ。

そういえば昔（一九六六年）、中教審（中央教育審議会）が「期待される人間像」を発表したことがありました。当時わたしは大学院生でしたが、印度哲学科の教授たちが、

「われわれはこのような問題に早くに気がついて、われわれのほうから『期待される人間像』をつくるべきであった」

と意見を述べられていたのを覚えています。そのときわたしは思いました。〈馬鹿なことを言うな！　どうせ中教審の言うことだから、産業界が期待する人間、つまり牛馬のように黙々と働く人間を期待しているに決まっている。それに、期待される人間像がつくられると、必然的に期待されない人間が出来るに違いない。その期待されない人間を救うことが宗教家の役目ではないか?!

期待される人間像を云々《うんぬん》するなんて、あなたがたは産業界の太鼓持《たいこもち》だ〉
その考えはいまでも変りません。われわれは世間の「期待」に応えてはいけないのです。

プロ野球の選手のうちには、監督やコーチの「期待」に応えようとするまじめな選手もいるそうです。しかし、そういうまじめな選手は、あまり大物にはなりませんね。

なぜかといえば、まじめな選手は、監督やコーチが変わると、新しい指導者の「期待」に応えようとして、自分の個性を失ってしまうからです。

むしろ自分の欠点を売り物にした選手が、大物に育つようです。

その点では、アメリカの大リーグで活躍するイチロー選手がいい例です。彼は一九九一年にオリックスに入団しましたが、そのときコーチから打法の改造を命じられました。

しかし彼はコーチの「期待」を蹴って、断固として自分のスタイルを変えなかった。それで二軍落ちになりましたが、一九九四年に仰木彬監督に抜擢されて、驚異的な活躍をしました。

もしも彼がコーチの「期待」に応えていたら、あのイチローという大スターはいなかったでしょう。

いいですか、わたしたちは世間の「期待」に過剰反応することはやめにしましょうよ。わたしたちは自分の人生を生きるのです。世間のために生きているのではありません。

世間を気にして卑屈な人生を送るよりは、自分を大事に生きましょう。世間のことは、

——気にしない、気にしない——

でやっていきましょう。それがわたしからの提案です。

4 要らざる口出しをせず傍観する

誰に聞いた話か、忘れてしまったのですが、アメリカの経営スクールに学ぶ日本人がいました。彼のクラスでは、講師からレポートの提出を求められた。そのテーマは、

「あなたは労務担当の部長である。社長から、次期社長の養成法に関して試案をつくれと頼まれた。あなたはどうするか……？」

といったものです。それに対して日本人は、徹夜せんばかりにして綿密な試案を作成して提出しました。

だが、その評価はゼロ点に近いものでした。

他のアメリカ人で、しかも百点をとった者のレポートは紙切れ一枚で、そこには、

「次期社長の養成は社長の仕事である。自分は労務担当だから、それには係わりがない」

とありました。

おもしろい話ですね。〈なるほど……〉と感心しました。

でも、日本人には、そこまでドライに割り切れませんよね。

そこでわたしは、『論語』にある孔子（前五五一―前四七九ごろ）の言葉を思い出しました。

子曰《しいわ》く、其《そ》の位《くらい》に在らざれば、其の政《まつりごと》を謀《はか》らず（泰伯14）

〔孔子が言われた、「その地位にいるのでなければ、その政務に口出ししてはならない」と〕

これは、他人の仕事に要らざる口出しをするな、といった戒めです。わたしたちはどうも他人にお節介を焼く傾向があります。他人が困っているのを見て、黙ってはいられず、見るに見かねての忠告・助言と言いたいのでしょうが、あなたの助言程度のことは、そのポストにいる専門家であれば、やがて思いつくことです。するとあなたは、相手から「要らざるお節介焼き」と思われます。

また、相手が無能で、あなたの助言に相当することを自分で思いつかないとすれば、あなたの助言通りにしようとしても失敗するに決まっています。すると相手は、「おまえが余計なことを言うから、俺は失敗したのだ」と、失敗の責任をあなたに転嫁するでしょう。

あなたは損します。要らざる口出しなんか、やめたほうがいいですね。それが自分の仕事でなければ、他人が困っていても黙って傍観していたほうがよいですよ。

そして、国家のことも、会社の経営も、あなたの仕事ではありません。だからそれには口出ししないでおきましょう。政治家や経営者に、

「あんさんの仕事だっしゃろ。あんじょうしいや」

と言っておけばよい。いや、社長にはそんなこと言ってはいけません。心の中でそう思うことにしましょう。つまり、世間を気にするな！　です。

5　役割として「考えない」こと

これは亡くなった山本七平さんから聞いた話ですが、アメリカの大手コンピューター・メーカーの本社には、

「考えろ！（THINK!）」

といった標語が貼られているそうです。ただし、この標語は役員室の壁に貼られています。一般のワーカー（労働者）の部屋には、

「考えるな！（DON'T THINK!）」

とある。まったく反対の標語になっていると聞きました。

これが役割分担なんですね。

考えるのは管理職の仕事です。

一般のワーカーは、上から命じられたことを、命じられた通りにやっていればいいのです。何も考える必要はありません。いや、考えてはいけないのです。

たとえば大統領官邸の警備を担当している人間は、「絶対に持ち場を離れるな！」と命じられています。ところが、目の前の道路で、数人の男が一人の女性に暴力を振るっている。女性は殺されかけています。その女性を助けるために警備員がそこに駆けつける。そのすきに、武装したテロリストが大統領官邸に入るかもしれません。道路上で行なわれていたのは、テロリストたちの演技・演出であった、ということもありうるのです。

日本であれば、もしもガードマンが道路上で行なわれている暴力を見て見ぬ振りをすれば、そして実際に女性が殺された場合（つまりそれが演技・演出でなかったとき）、

「人命の大切さは分かっているはずだ。おまえはなぜ救助に駆けつけなかったのだ?!」

と、ガードマンに非難が集中します。ということは、上からの命令と人命救助のどちらを選ぶか、ガードマンに考えさせようとするのです。そんなおかしな命令がありますか?! 部下に考えさせるくらいであれば、そもそも上司なんて必要ありません。

アメリカ人であれば、もしも女性が殺された場合、そういうマニュアルで仕事をさせた上司の責任です。部下には責任はありません。

わたしは阪神タイガースのファンです。俗に言う「だめ虎」の熱狂的なファンです。だから、タイガース一辺倒のスポーツ紙である「デイリースポーツ」の愛読者です。

その「デイリースポーツ」の二〇一三年六月二十五日号に、もとタイガースの監督であった岡田彰布氏の評論が載っていました。当時、阪神は五連敗中でしたが（いつものことで、ファンとしては別に驚きませんが）、聞き手が岡田氏に、

「どのチームも連敗中はいろいろと考えてしまうところがあるんでしょうね」

と水を向けると、岡田氏はこうコメントしています。

「だから、選手は考えたらあかんって言うてるやんか！　どういうふうにし

たら勝てるかとか、選手は考える必要はないんよ。それをするのは首脳陣の仕事やんか。選手は2番は2番、4番は4番の役割に集中せんと」

これこそ役割分担の正しい考え方です。考えるのは管理者（監督）の仕事であり、被管理者（選手）は命じられた仕事を命じられた通りにやっていればよいのです。岡田氏はよく『論語』の思想を理解していますよね。

それにしても、阪神タイガースの監督は、あまりにも考えようとしません。すべてを選手にまかせてしまいます。選手に「期待」し過ぎるのです。

たとえば、監督の名前は言いませんが、ノーアウト一塁で、次のバッターにバスターをやらせます。あわよくばノーアウト一、三塁を狙うのですが、たいていはダブルプレーでツーアウト、ランナーなしになります。バントもろくにできない選手にバスターをやらせるなんて、何を考えているのでしょうか。選手に「期待」してはいけません。監督が考えるべきです。

ついでに言っておきますが、わたしは阪神タイガースには監督は要らないと思っています。ファンのうちから一日監督を選んで、日替りに監督させるとよいでしょう。そして一日監督に考えさせる。いわゆる監督は、その一日監督の助言役にします。誰も一日監督の希望者がなければ、わたしがやってもよいですよ。

6 拍手喝采を求めるから不安になる

古代ローマの思想家のエピクテトスはこう言っています。

不安がっている人を見ると、私は言うのだ。この人はいったいなにを欲しているのだろうか、もし彼がなにか自分の権限内にないものを欲しているのでないならば、どうして不安なのだろうかと。だから竪琴《たてごと》をひいてうたう人も自分ひとりでうたうときは、なるほど不安ではないけれども、舞台にあがると、たとえ非常に声がよく、竪琴がうまいとしても、不安になるのだ。なぜかというに、彼はただうまくうたいたいばかりでなく、拍手喝采もされた

いからである。だが、これはもはや彼の権限内にはないのだ。（木原武一『幸福の探究』芸文社より）

わたしもよく仏教講演会に引っ張り出されます。最初のころは、どうしても聴衆を唸《うな》らせたいという気持ちが強かった。現在でもそういう気持ちがまったくなくなったわけではありませんが、そういう山っ気は少なくなりました。エピクテトスが言っているのは、そういう山っ気、聴衆を唸らせたいという気持ちを持つな！　ということです。

そういう気持ちは講演者、エピクテトスが言う竪琴弾きの、

――権限内にないものだ――

ということです。聴衆が拍手喝采するかどうかは、聴衆の勝手です。講演のスピーカー、音楽のプレイヤーは、それを目的に舞台に上がるな！　そう彼は言っています。

では、スピーカーやプレイヤーは、何を目的にすればよいのでしょうか？

それは、彼の能力の最高を発揮することです。わたしの場合でいえば、わた

しの能力を最大限に発揮して、講演を聴いてくださる人々が仏教の思想をうまく理解できるようにすることとです。それがわたしの「権限」であり、聴衆が拍手喝采するかどうかは、わたしの「権限」外のことです。

プロ野球の選手だって同じでしょう。彼はファインプレーをやって観客を魅了することを目的にプレーをするのではありません。

たとえば、かつての巨人のある三塁手（これは悪口になるので、名前は書きません）は、ショートにまかせればいい打球をしゃしゃり出て扱い、ファインプレーをして観客からやんやの拍手を受けました。ところがそれをエラーしたとき、あれはショートのエラーだといったポーズをします。あんなサードは下手糞だ！　と、ショートを守っていた選手が吐いて捨てるように言っていたのを記憶しています。

どうやらその選手は目立ちたがり屋だったようです。エピクテトスがいたらきっと彼を叱るでしょう。

ともかく、われわれが自己の「権限」に属さぬものを気にすれば、どうしても不安になります。聴衆の称讃を気にして講演すれば、あまり聴衆の反応がよくなかったとき、講演者は悄気《しょげ》返らざるを得ません。だから聴衆の反応なんて、気にしないほうがよいのです。舞台に立つ役者が言っていました。

「観客席には芋がころがっていると思えばよい」と。

そう思えば、聴衆や観客は気にしないでいられます。

もっとも――ちょっと自慢をさせてください――わたしの場合は、聴衆に分かりやすく仏教の教えを説くことが目的ですから、聴衆の反応を無視することができません。聴衆の顔を見ながら話すようにしています。それで聴衆が気になるのですが、それをあまり気にするとエピクテトスに叱られてしまいます。

そこでわたしは、

――六〇パーセント主義――

を心掛けています。聴衆の六割に、いい講演でしたと思っていただければ、それで大成功だと思うようにしているのです。

決して一〇〇パーセントの人々に賛同を得たいとは思いません。一〇〇パーセント主義になると、たった一人の不賛成がいても、それが気になって、気になって仕方なくなります。四〇パーセントの反対なんて気にしなくていいのです。六〇パーセントも賛同者がいれば、それで十分ではありませんか。

7 観客に注目されていると思い込んでいる

さて、いま述べたことをちょっと敷衍《ふえん》して聴衆・観客というものを、――世間――だと考えてください。そうするとわたしの言いたいことが分かっていただけるでしょう。

あなたは別段、舞台俳優ではありません。にもかかわらずあなたは、自分は役者の気でいます。そして役者のあなたが舞台に上がって、大勢の観客から見られている。その観客が「世間」なんです。

日本人であるあなたは、たぶんそのような意識でいるでしょう。誰もチケットを買ってくれていないのに、あなたは舞台に立っている気でいます。そして観客（世間）を唸らせる演技をしようとしています。

　しんどいでしょう。肩が凝《こ》りますよね。

　そういえば、欧米人もインド人も、肩が凝ることはないそうです。そもそも〝肩が凝る〟なんて言葉がありません。和英辞書を見ると〝肩が凝る〟は〝I have stiff shoulders〟とありました。「堅い肩を持つ」というのは、肩凝りとはだいぶ違いますよね。

　ともかく、わたしたちは世間から見られていると思うから肩が凝るのです。でも、西洋人には、そういう意識はありません。だから彼らは肩が凝らないのです。もっとも同じ症状はあるでしょうが、彼らはそれを「肩凝り」と意識しないのだと思います。

　ちょっと脱線しましたが、われわれ日本人は「世間」から見られていると思うから肩が凝ります。でも、本当は見られていないのです……と言いかけたところで、あわてて修正します。なぜなら欧米人だって、結構他人を監視しているからです。アパートで大きな音を出すと、すぐに隣や階下から苦情がきます。そんな報告を大勢の人が書いていることから考えると、日本以上に監視の目がきびしいようです。

しかし、欧米人は、それを「世間」の目とは受け取りません。あくまでも固有名詞を持った誰それさんからのクレームなんです。そのクレームに一つ一つ対処するのです。

ところが日本人は、それを「世間」の目と受け取ります。そしてその「世間」の目を気にするのです。それは大根役者が、大勢の観客を気にし、不特定多数の観客を自分の名演技で唸らせようとするのに似ています。それでオーバーアクション（演技過剰）になり、かえって失敗するのです。

じゃあ、どうしたらよいでしょうか？

いちばんいいのは、観客――「世間」――なんて気にしないことです。

チケット代を払った観客であれば、舞台に立つ役者はある程度観客に配慮せねばなりません。しかしあなたは役者ではないし、「世間」はチケット代を払っていません。だから、「世間」のことなんて少しも気にする必要はありません。あなたは自由に、勝手に行動していいのです。

とはいえ、いくら「気にするな！」と言われても、やはり「世間」が気になるのが日本人です。そういう日本人はどうすればよいでしょうか。

わたしは六〇点主義をおすすめします。

「世間」という観客の一〇〇パーセントを唸らせるなんて、絶対に不可能です。まあ、せいぜい六〇パーセントの観客を痺《しび》れさせることができたら、あなたは名優です。

あなたは、あなたのことを糞味噌に言う二人の敵と、それなりにあなたの味方になってくれる二人がいれば、なかなか立派な人です。残りの六人は、別段あなたに関心を持っていない人です。この、

――二対六対二――

の比率が、世の中の一般的な比率です。たとえばアリの社会で、勤勉に働く二割のアリと、普通のアリが六割、極端に怠け者のアリが二割の比率になると、知人の昆虫学者から教わりました。

ところが、あなたは、その二割の敵をゼロにしようとして悩んでいます。だから肩が凝るのです。いいじゃありませんか。二割や三割、いや四割の敵がいたって。そんな敵のことなんか気にしない、気にしない。もっと気楽に生きてください。

第3章

未来を気にしない

Ⅰ　人間に将来のことなんて分からない

昔、杞《き》の国の人が、もし天が落ち、地が崩れたなら、自分はいったいどこに身を寄せればよいのか心配になり、夜も眠れず、食事ものどを通らないありさまでした。

すると、その男が心配していることをさらに心配してやる者がいて、その心配男に言い聞かせてやります。

「天というものは気が積み重なったものだ。だから、どこにでも気はある。われわれがからだを屈伸させるのも、一日中、みんな気の中でやっていることだ。どうしてその気が落ちてくることを心配するのだ?!」

「天が気の積み重なったものであれば、日や月や星が落ちて来るだろう……」

「いや、日や月や星もやはり気の積み重なりで、その中で輝きを持ったものだ。だから、たとえそれらが落ちて来たとしても、人を怪我させることはない」

「じゃあ、地が崩れたらどうしたらよい？」

「地というものは、土の積み重なったものだ。土は四方に充満していて、どこにもないところがない。人間は一日中、その地の上で歩いたり踏みつけたりしている。どうしてその地が崩れるなんて心配するのか?!」

それを聞いて、心配男は大いに喜びました。また説得した男も喜びました。

これは中国古典の『列子』（天瑞篇）にある寓話《ぐうわ》です。そしてここから〝杞《き》憂《ゆう》〟という言葉が出来たのです。その意味は、《あれこれと無用な心配をすること。取り越し苦労》（『大辞林』）です。

ところが、『列子』にはこのあとがあります。

この話を聞いた長盧子《ちょうろし》という哲人が、

「天地が崩れはしないかと心配するのは、あまりにも先のことを心配しているのだ。しかし、天地が崩壊しないと主張するのも正しくない。崩壊するときは崩壊するのであって、その崩壊するときにめぐり合わせるなら、憂い悲しまずにはおられないのである」

とコメントしたというのです。

そして最後に、列子（中国・戦国時代の思想家）が笑いながらこう言っています。『中国古典文学大系4』（平凡社）の福永光司訳で紹介します。

天地が崩壊すると主張する者も間違っているし、天地が崩壊しないと主張する者も間違っている。崩壊するかしないかは、己れに分からないことだからである。しかしながら、崩壊するというのも一つの見識であり、崩壊しないというのも一つの見識である。かくて、生きている者には死者のことは分からないし、死んだ者には生者のことは分からない。将来の人間には過去のことは分からず、過去の人間には将来のことは分からない。天地が崩壊しようと崩壊すまいと、そんなことに心を乱されない無心の境地こそ大切なのだ。

列子が言うのは、人間に将来のことは分からない。だから余計な心配をして、心を取り乱すなということですね。

要するにわれわれは、未来のことを気にするのはやめましょうよ。そのほうが精神衛生的にもよいでしょう。


わたしは二十年間、気象大学校で哲学の先生をしていました。気象大学校は気象庁付属の大学です。そこには大勢の気象学や地震学の先生がいました。

その一人、地震学の教授から、地震予知に関する意見を聞きました。もう四十年も昔のことです。

わたしが『列子』の話をして、中国古典は地が崩壊する（それが地震）か／どうか分からないのだから、無用の心配をするな、と言っていますよ、と告げたところ、彼は、

「わたしがいま取り組んでいるのは、大地震が起きる二秒前にそれを予知できないか、といった研究です」

と言います。二秒前というのは、未来ではなしに現在だというわけです。

「でも、二秒前に予知できても、われわれはどうすることもできないじゃありませんか……。無駄な研究ですよ」

「いや、そうじゃありません。二秒あれば、すぐにコンピューターに連動させて、たとえば新幹線のスピードを少しは減速させることができます。その他、いろいろなことができますよ」

そう教わって、〈なるほど……〉とわたしは思いました。現代の科学技術は、そこまで発達しているのですね。

もう一人、別の気象学の助教授から聞いた話です。

気象予報（こちらのほうは天の気が積み重なった話です）なんですが、〝予報〟は英語で“forecast”です。“fore”は「前の」といった意味。そして“cast”は「予測する」。前もって予測するのが「予報」です。けれどもその助教授は、いまや気象庁の仕事は、「予報（forecast）」ではなしに、“now cast”になっている、と言うのです。「現在の状況を報ずる」のです。

たとえば、レーダーやその他の観測器械でもって、現在どこに雨雲があり、どこにどれだけの雨が降っているかを知り、それを関係分野に伝達して対策を講ずるのが気象庁の仕事だというのです。これも〈なるほど……〉と感心しました。つまり「予報」ではなしに「現報」ですね。

しかし、これは三十年以上も昔の話ですから、現在の気象庁がどういう考えでいるか、わたしには分かりません。

まあ、ともかく、わたしたちは遠い未来のことを心配したって、どうにもなりません。わたしは昔、雑誌のコラムにこんなことを書きました。

二二二二年になると、日本の人口はたった六人になる。そしてその六人が、富士の裾野のサファリ・パークの檻に入れられて見世物になっている。その檻の前に、

「元エコノミック・アニマル」

の看板が立てられている、と。

わたしはジョークのつもりで書いたのです。ところが、ある経済学者から、

「あなたはどういうデータにもとづいて、そうした予測を立てられたのか？」

と問い合せがありました。あれには驚きましたね。

だって二二二二年ですよ。その数字を見てもジョークだと分かりそうなもの

です。しかし経済学者は、いまから二百年後の未来までも予測できると思っているようです。馬鹿じゃありませんか?! 未来のことはいちいち気にせず、当たるも八卦、当たらぬも八卦の精神で、やって行きましょう。そうです、当たるも不思議、当たらぬも不思議です。

2　未来はなるようにしかならない

スペイン語に、

――ケ・セラ・セラ(Que será, será)――

があります。「なるようになるさ」といった意味です。アメリカ映画の「知りすぎていた男」の主題歌になって流行しました。なんとなく英語の歌詞を覚えているので、訳してみます。

「わたしが少女のころ、ママに訊きました。わたしの未来はどうなるの? 美人になれる? 金持ちになれる? そこでママが言います。ケ・セラ・セラ。未来はなるようになるの。未来はわたしたちには分からない。ケ・セラ・セラ。ケ・セラ・セラ」

まちがっていればごめんなさい。

たしかにその通り。未来はなるようにしかなりません。それをやきもき心配したって無意味です。なるようにしかならないと、あきらめましょう。

そこで、またしてもエピクテトスですが、彼はこう言っています。

出来事が、きみの好きなように起こることを求めぬがいい。むしろ出来事が起こるように起こることを望みたまえ。そうすれば、きみは落ち着いて暮らせるだろう。（同前）

「出来事が起こるように起こる」――それがケ・セラ・セラ、です。なるようになる、です。エピクテトスは、なるようになることを望め、と言っていますが、別段、そんなことを望む必要はありません。なるようになるのですから、放っておけばよいのです。

つまり、気にするな！　です。未来について心配しないでいいのです。

さて、未来予測に関しては、問題が二つあります。

A　まず、われわれはどの程度の精度でもって未来を予測できるか？

「あなたは百歳未満で死ぬ」――といった予測は、まあ九九パーセントは当たっています。しかし、「あなたは一年以内に死ぬ」というのは、それほど精度は高くありません。「百年以内に関東で大地震が起きる」確率は相当に高いでしょう。しかし、「明日、東京を直下型大地震が襲う」といった確率は、ゼロではありませんが、まずゼロに近いと思います。

B　次に、Aの予測にもとづいて、わたしたちはそこで予測された危険に備えることができるでしょうか？

このBのほうは、なかなか厄介な問題です。わたしたちは、自分が百歳以内で死ぬことが分かっていても、なかなかそれに対する対策は立てられません。せいぜい生命保険に加入するぐらいでしょうか。でも、生命保険に入っても、それで人間が死なないわけではありません。死んだあとでお金を貰っても、死者はその金を使えませんよね。だからわたしは、いっさい生命保険に入っていません。

じゃあ、一年以内に死ぬと予言されて、それで対策が立てられますか？　あるいは、「おまえは明日死ぬ」と言われて、それにどう備えればよいのでしょうか？

「テヘランの寓話」と呼ばれる、有名な話があります。

大金持ちが召使いを連れて旅をしていました。突然、召使いの一人がガタガタと震えだします。訊けば、彼は死神から、「おまえは今夜、死ぬことになっている」と脅されたと言います。

それで主人は召使いに駿馬を与えて、大急ぎでテヘランに逃がしてやります。そのあと、主人は死神に会います。そこで彼は死神に文句を言いました。

「俺の召使いを脅すなんて、おまえはひどい奴だ」

「いやあ、脅かされたのはこちらのほうですよ。だってあの男とは、今夜、テヘランで会うことになっているのに、まだいまごろ、この辺をうろついているんですからね」

そう死神が言いました。

予言に対して対策を講じて、かえって逆効果になったわけです。

こんな寓話もあります。次の二つの寓話は、フランスの哲学者のアランの『幸福論』に出てくるものです。

ある詩人が、おまえは家の下敷きになって死ぬぞと予言されました。そこで彼は家の外に出ます。すると一羽の鷲が彼の禿《は》げ頭を石とまちがえて、その上に一匹の亀を落としました。それで詩人は死んでしまった。

亀の甲羅が「家」なんです。彼はまさに家の下敷きになって死んだのです。

また、ある王子が、彼はライオンに殺されるという神託を受けました。そこで女官たちが家の中で王子を見張っています。

ところが王子は、腹を立てて壁掛けを拳《こぶし》で叩き、一本の折れ釘ですりむき、そのために壊疽《えそ》にかかって死んでしまいました。その壁掛けには、ライオンの絵が描かれていました。

「当るも八卦、当らぬも八卦」と言いますが、このような予言・神託は、当ったことになるのでしょうか……？

百目鬼恭三郎《どうめききょうざぶろう》の『奇談の時代』（朝日新聞社）には、観相家の中村龍袋《りようたい》の話が出てきます。彼は稀代の名予言者であって、その予言が外れたことがなかった。

「おまえは明日、花見に行く気だな」

「夕方になれば、妓楼に登ろうと思っているな」

と、弟子たちをつかまえては、ずばりと言い当てていました。

で、晩年になって、龍袋は自分の相に「餓死の相」が現われているのに気づきました。すると彼は門戸を閉ざし、人の出入りを禁じて、何も食べずに餓死してしまいました。

いやはや、なんとも恐れ入ります。

わたしたちは予言や占いを信じないでおきましょう。いや、一度でも手相見に運勢を占ってもらうと、気にするなと言っても気になります。わたしの友人で、手相見をからかうつもりで、銀座の手相見に手相を見てもらった。それでのめり込んだ男がいます。以後、彼は毎年のように転居しています。方角が気になるというのです。

だから、未来のこと、運勢なんて気にしてはいけません。

すべては、なるようになると達観してください。事実、物事はなるようにしかなりません。

《むしろ出来事が起こるように起こることを望みたまえ》といったエピクテトスの助言に従ってください。つまり、ケ・セラ・セラです。

3　いまを楽しみ、未来を少し信じる

古代ローマの詩人のホラティウス（前六五―前八）の『詩集』（第一巻）に、

カルペ・ディエム。

という言葉が出てきます。これは言葉通りに訳すと、

「（今日という）日を摘め」

になります。花にしても果実にしても、摘むべきときがあります。そのときを逃がすと、花は枯れ、実は腐ってしまいます。同様に、今日という日も大事な日です。それを逃がしてはいけません。そういう意味でホラティウスは、「今日という日を捕まえよ」と言っているのです。

そして彼は、この言葉に続けて、

「翌日にできうる限り信をおくことなしに」

と言っています（逸身喜一郎『ラテン語のはなし』大修館書店による）。

そこでホラティウスの格言は、

現在を楽しめ、できるだけ少く未来に信頼せよ。（田中秀央・落合太郎編著『ギリシア・ラテン引用語辞典』岩波書店）

といった訳になります。しかし、わたしたちからすれば、これを、

――未来を気にするな！　現在を楽しめ！――

と訳したほうがよさそうですね。何はともあれ、未来のことは気にしないでいいのです。あしたはあしたの風が吹く、というわけです。

そしてイエスが、次のように言っています。

「だから、『何を食べようか』『何を飲もうか』『何を着ようか』と言って、思い悩むな。それはみな、異邦人が切に求めているものだ。あなたがたの天の父は、これらのものがみなあなたがたに必要なことをご存じである。何よりもまず、神の国と神の義を求めなさい。そうすれば、これらのものはみな加えて与えられる。だから、明日のことまで思い悩むな。明日のことは明日自《みず》らが思い悩む。その日の苦労は、その日だけで十分である。」（「マタイによる福音書」6）

有名な言葉です。イエスはわれわれに、

——明日の心配をするな！——

と告げているのです。なぜでしょうか？　それは、われわれが明日のことをいちいち思い悩まなくても、天の父（神）がその配慮をしてくださっているからです。

だから、神におまかせしておけばいいのです。

では、どうしたら、神におまかせすることができるでしょうか？　これがあんがいむずかしいのです。われわれもときに、自分の進退を誰か偉い人にまかせることがあります。

「あなたにおまかせします」

と言っておきながら、あれこれ心配でならないのです。そして自分が夢想している「期待」より少しでも不利な結果になると、

〈俺はあいつに裏切られた〉

と思ってしまいます。それなら、はじめからその人にまかせなければよかったのです。

4　神さまは自動販売機ではありません

われわれの「まかせる」は、その程度なんです。

でも、それじゃあ、イエスの言う「神にまかせる」にはなりません。

神にまかせるには、まず神を信じなければなりません。

キリスト教には、

——信ぜよ、さらば救われん——

といった言葉があります。これはこの文言通りには『新約聖書』に出てこないのですが、キリスト教の本質をよく言い当てた言葉です。

しかし、その解釈がむずかしい。日本人の多くがこれを誤解するのです。日本人は神というものを、どうやら自動販売機のようなものと思っています。自動販売機は、こちらがお金を投入すると商品が出てきます。それと同じで、神さまにお賽銭《さいせん》をあげると、何かご利益《りやく》がいただける。そういうものと思っているのです。

だから、「信ぜよ、さらば救われん」は、あなたは神を信じなさい、そうすれば神はあなたを救ってくださいますよ。といったふうに解釈するのです。

でも、それじゃあ、神は自動販売機になってしまいます。

自動販売機の神であれば、信じた者は必ず救わなければなりません。たとえ神がその人を救いたくなくても、救わねばならない。そうでないと公約違反になります。また、神が救ってやりたいと思っても、その人が神を信じなければば、神はその人を救えないことになります。

神に自由がなくなってしまう。人間の言うままに動かなければならない神なんて、キリスト教の神ではありません。日本人は、キリスト教の神の本質がまったく分かっていないのです。

では、「信ぜよ、さらば救われん」は、どういう意味でしょうか？

じつは、これは裏返しに解釈すればよいのです。神によって救われる者は、神は、もともとその人がちゃんと神を信じられるようにしておられます。この考え方を「予定説」（predestination）といいます。

《魂の救済は、人間の意志によるのではなく、神によってあらかじめ定められているとする考え》（『旺文社世界史事典』）

そして、この予定説は、初期キリスト教会の最大の思想家であったアウグスティヌス（三五四―四三〇）やフランスの宗教改革者のカルヴァン（一五〇九―一五六四）に顕著に見られますが、そればかりでなしにキリスト教の底流に必ず見られる思想です。そして、日本人に最も分かりにくいのがこの「予定説」です。何せ日本人は、人間の努力によって天命（天命というのは、キリスト教でいう「神」と同じだと思ってください）を変えられると思っています。それは自動販売機型の思想です。

キリスト教の神は、人間を超越した存在です。人間が何をしようが、神の意思は変りません。

そして、神がそのような存在であると信じた者を、神は救われるのです。いや、神が救いを予定しておられる人間は、必ず神がそのような存在であることを信じられるようにしておられるのです。だから、神を信じた者は救われるのです。

なんだかむずかしい神学論になってしまいましたが、わたしの言いたいことはお分かりになりますね。

そもそもわたしたちが何をどうしようと、未来は変りませんよ。

あなたが地震に備えて非常用持ち出し品をつくっていても、地下鉄の中、エレベーターの中で大地震に遭遇するかもしれません。そんなとき、あなたの準備は無駄になります。

《だから、明日のことまで思い悩むな》なんです。明日のことは、神にまかせておけばよいのです。未来は気にしないでおきましょう。

そのためには、神を信ずればよい。

いや、未来を気にしないために、われわれが神を信じるのではありませんね。はい、わたしは信じました。だから神よ、あなたはわたしを救ってください——と言うのでは、神は自動販売機になります。逆ですね。

われわれが未来のことを心配しなくなったとき、われわれは神を信じられます。では、どうしたらわれわれは、未来のことを心配しないでいられるようになるかといえば、われわれは神を信じなければならない。……ああ、ややこしい。これじゃあ堂々巡りです。

まあ、ともかく、未来を気にするな！　ということです。どうすれば未来の心配をしないですむか？　その方法は、あとでもう一度考えてみましょう。

ただし、〈大学入試に合格するときは合格するのだ。落ちるときは落ちる。未来のことは心配したって仕方がない〉ということで、あなたはちっとも受験勉強をしないで遊んでいる。

あるいは、〈会社が俺を首にするときは首になる。首にならないときはならない。そんなことを心配したって仕方がない〉とあなたが考えて、ちゃらんぽらんに生きている、それがイエスの言う、《明日のことまで思い悩むな》だと思わないでください。ここのところが「予定説」のむずかしいところです。

これも、ある意味では逆なんです。

大学受験に合格できる人は、未来の心配をせずに、ゆったりと受験勉強ができるのです。また、会社を首にならない社員は、要らざる未来の心配をせずに、のんびりと、ゆったりと、毎日の仕事をまじめにやっていけるのです。

それは、たとえば経営者の息子のようなものです。自分はいまはまだ低いポストにいるが、いずれは社長になるつもりで、決して腐らずに自分に与えられた仕事をこなしています。それが明日の心配をするな！　です。

ということは、いま現在をしっかりと、そして楽しく生きることです。それが余計な心配をしない秘訣かもしれませんね。

5　もしも、神様がお望みならば

最近は日本人のあいだですっかり有名になったイスラム教の言葉に、
――イン・シャー・アッラー――
があります。「もしも神が欲し給うならば」の意味です。
イスラム教の聖典『コーラン』（18章）には、次のようにあります。

また、なににつけ、「私はそれを明日なすであろう」と決して言ってはならない。
ただし、「アッラーが御望みなら（イン・シャーァ・アッラー）」が（言い添えて）あれば別である。（中田考監修『日亜対訳クルアーン』作品社）

ということは、イスラム教徒は、明日（未来）のことを言うとき、必ずそこに「イン・シャー・アッラー（もしも神が欲し給うならば）」を付け加えねばならないのです。この〝イン・シャー・アッラー〟は、こちらには〝インシャラー〟と聞こえます。それでイスラム教国の飛行機に搭乗すれば、

「インシャラー、当機はまもなく成田空港に着陸します」

といった機内放送を聞かされます。それを聞いてわたしなどは、

〈おいおい、それじゃあ、アッラーが望んでおられないならば、この飛行機は墜落するというのか?!〉

と思ってしまいますが、それはその通りなんですね。無事に到着するも／しないも、アッラーの思《おぼ》し召し次第です。イスラム教徒にとっては、そんなこと、分かりきったことなのですよ。

国際赤十字の医療班員としてアフリカで活躍された日本人医師がこんなことを言っておられました。

彼は目が見えなくなったイスラム教徒の子どもの治療をし、手術によってその子の目が見えるようになった。するとその子の母親が、

「アッラーの神よ、わたしたちの子どもの目が見えるようにしてくださって、ありがとうございます」

と感謝の祈りを捧げました。けれども医師には一言のお礼もなかったそうです。

日本人であれば、こういうときにはまず医師に感謝の言葉を捧げます。そのあとで、人によっては神や仏に感謝の祈りを捧げるかもしれません。大半の人は、医師にお礼を言うだけです。

その代わりということになるでしょうが、もしも失敗したときは、医師が攻撃の矢面《やおもて》に立たされます。

ところが、イスラム教徒だと、失敗したときも、神が成功を欲しておられなかったから失敗になったのだと、医者を非難する人は少ないと聞きます。

わたしたち日本人は、「イン・シャー・アッラー」を遅刻の言い訳だと受け取ります。

「明日、十時にここで会いましょう」とこちらが言い、相手は「はい、そうしましょう。インシャラー」と答える。それでたいてい十二時少し前にやって来る。ひどい遅刻です。その言い訳が「イン・シャー・アッラー」です。わたしたちはそう受け取ってしまいます。

たしかに、ほとんどのイスラム教徒は約束の時間を守りません。その弁解に「イン・シャー・アッラー」が使われていることを否定はできません。それはそうですが、反対にこちらが遅刻したときでも、相手は、

「そんなに気にしないでください。インシャラーなんですから」

と言ってくれます。つまり、アッラーの神がそのように仕組まれたのだから、わたしは待たされることになったのだ、と、すべてをアッラーに免じて許してくれます。

わたし自身は、あまり遅刻をしないほうです。相当に余裕のある時間に家を出るように心掛けていて、しかもそれを十五分も早くするのだから、娘によく笑われます。「お父さんは、三十分も早く向こうに着く」と。まあ、最近は十五分ぐらいにしていますが。

しかし、自分が遅刻を気にしていると、知らず知らずのうちに狭量《きようりよう》になります。相手が遅刻することが許せなくなるのです。

わたしたちはあまり時間を気にしないほうがよさそうです。未来を気にしない――ということは、つまりは時間を気にしないことです。イスラム教徒にくらべて、日本人は時間を気にし過ぎですね。つくづくそう思います。

6　努力しても未来は都合よくならない

「イン・シャー・アッラー」の言葉は、未来が神の権限下にあることを全面的に認めた言葉にほかなりません。いわば人間の降伏宣言です。

日本人は、人間の努力によって未来を自分に都合のよいように変えることができるように思っていますが、それは思い上りもはなはだしいでしょう。いや、日本人ばかりでなしに、科学者の多くがそのように思っています。

たしかに、人間の努力によって、ある程度未来を変えることができます。エジプトはナイル川の氾濫を防ぐために、アスワン・ダムを造り、さらに上流にアスワン・ハイ・ダムを造りました。それによって氾濫による洪水は防げましたが、逆に洪水がなくなると地下水の水位が低くなり、田畑に塩が吹き出てきて塩害に悩まされるようになりました。未来を改変しようとしても、人間の都合のよいようにはいきません。

ということは、未来は神の権限下にあり、人間は未来を神におまかせしておいたほうがよいのです。

それをおまかせせずに、自分の都合を優先して、勝手に未来を改変しようとするから、神の怒りに触れるのだと思います。

じつは、その「おまかせします」といった意思表明が、仏教でいう、

――南無――

といった言葉です。この語は、インドのサンスクリット語の〝ナモー〟を音訳したもので、いま述べたように「おまかせします」といった意味です。

誰にまかせるか？　阿弥陀仏にまかせるのが「南無阿弥陀仏」で、釈迦牟尼《むに》仏（〝牟尼〟はサンスクリット語の〝ムニ〟で、「聖者」の意）にまかせるのが「南無釈迦牟尼仏」、観世音菩薩《かんぜおんぼさつ》（いわゆる観音様）にまかせるのが「南無観世音菩薩」、そして『妙法蓮華経』（すなわち『法華経』）にまかせるのが「南無妙

法蓮華経」です。

わたしたちは、おまかせした以上は、どういう結果になろうと文句を言ってはいけません。

たとえば、わたしを一流大学に合格させてくださいと「南無妙法蓮華経」を唱えます。本当はそういう現世利益的なお祈りはしないほうがよいのですが、まあ、してしまったとします。

にもかかわらず、あなたは不合格になった。

そのときあなたは、仏を恨んではいけません。

仏はあなたのことを考えて、あなたが幸せになるように、あなたを落とされたのです。

かりにあなたが今年合格して、一流大学に入ったとします。しかし、あなたはクラスメイトにいじめられて、あなたが自殺するはめになるかもしれない。仏はそこまで考えて、あなたを不合格にされた。そのように信じることができるのが「南無」なんです。そしてあなたが来年に合格できれば、すばらしい恋人に会うことができるかもしれません。

そうだとすれば、仏教もイスラム教と同じく「イン・シャー・アッラー」ですね。いや、仏教の場合は、「イン・シャー・アミダ」もしくは「イン・シャー・ブッダ」になりますね。

いずれにしても未来を気にしないことです。気にしない、気にしない、です。

7　死後のことまで心配するな！

自分の死んだあとのことまで心配している人がいます。やれお葬式をどうしてほしいとか、お墓の心配をし、遺産相続で子どもたちが喧嘩をするのが心配だとか。そのためにしっかりと遺言状をつくらねばならないと、あれこれ心配ばかりしているのです。

キリスト教にしろ、イスラム教にしろ、また仏教にしても、人間、生きているあいだは未来のことを心配するな！　と教えています。それが、死んだあと

のことまで心配するのだから、わたしに言わせると、

「馬鹿じゃなかろうか?!」

となります。もしも自分の葬式をこうしてほしい、ああしてほしいと言うのであれば、自分が棺桶《かんおけ》から出て来て、自分で自分の棺桶を担《かつ》げ！と言ってやりたいですね。

だいたいにおいて、自分の死後が気になるのは、その人が無宗教だからです。信仰心がないからです。

わたしは阿弥陀仏を信じています。したがって、わたしが死ねば、阿弥陀仏はわたしをその仏国土である極楽世界に迎えてくださると信じています。だから、わたしの死体が切り刻まれようが、蹴飛ばされようが、まったくわたしに関係ありません。わたしは極楽浄土にいるのですから。

いや、わたしの母が死んだときも、わたしは、母はすぐさま極楽浄土に往生したと信じました。いちおう檀那《だんな》寺の僧が来て葬儀をやりましたが、わたしは心の中でその葬儀を笑っていました。あんなものは坊主の商売だと思って、せせら笑っていました。母は死んだ瞬間、すぐに極楽浄土で阿弥陀仏の弟子とな

って、仏教を一生懸命に学んでいる。母のために息子や娘、孫たちがすべきことは何もない。母のことは阿弥陀仏にまかせておけばいいのだ。母の葬式のとき、わたしはそう思ったし、いまでもそう思っています。

その点については、浄土真宗の開祖の親鸞が、

親鸞は、父母《ぶも》の孝養のためとて、一返にても念仏まふしたることいまださふらはず。（『歎異抄』の第五段）

と言っています。

わたしたちは死んだ人のために、何もしなくていいのです。

もう少し私事を語らせてください。

わたしの父は、敗戦の翌年にシベリアで強制労働に従事させられ、そこで亡くなりました。正確にいつ死んだのか、どのように死んだのか、まったく不明

です。もちろん、遺骨なんてありません。

その父の五十回忌を一九九五年に営みました。子どもが父の五十回忌をするのも珍しいのですが、妻（わたしの母）が夫の五十回忌を営むのは、もっと珍しいですね。そのとき母は八十歳。

わたしは墓の前で、母に言いました。

「お母ちゃんも、もうすぐお浄土に往くんやで……。そしたらお父ちゃんが、きっと、『こんな婆さんは、わしゃ知らんわ』と言うで……」と。

「そうやなあ……」と、母はちょっと淋《さび》しそうでした。

わたしは東京に住んでいますが、母はわたしの妹と大阪に住んでいました。妹はあとでわたしに教えてくれました。

「兄ちゃんがあんなこと言うたさかい、お母ちゃんはあの晩、家の中でごそごそやってたで。ほんで見合い写真を出してきて、

『これ、わてが死んだら、棺桶の中に入れといてな。お浄土に往って、〝わたし、これですねん〟と、お父ちゃんに見せるからな……』

と言うてたで……」

三十歳で夫と別れた母が、八十歳になってから夫とお浄土で再会します。

本当はお浄土は時間を超越した世界ですから、三十歳だとか八十歳といった年齢は無関係ですが、わたしは母をからかってみたのです。ちょっといけない息子ですね。でも、見合い写真を持ち出すなんて、なかなかユーモアのある母です。もちろん、その見合い写真は棺桶の中に入れてやりました。

そういう事情で、わが家の墓には父のお骨は入っていません。それでわたしは、常々母に、

「お母ちゃん、お墓の中にお父ちゃんがおるんと違うで。お父ちゃんはお浄土におるんやから、まちごうたらあかんで」

と言い聞かせていました。母は、それまではよく墓参りに行っていたようですが、五十回忌をすませたあと、妹に誘われたときなどは別にして、あまり墓参りをしなくなりました。なぜ、しないのか？　と尋ねるわたしに、母は、

「あんなところにお父ちゃんはおれへんで……」

と、さも自分で悟ったように答えました。すごい進歩です。

ともかく、自分の死後のことまで心配する必要はありません。〈自分は死んだら阿弥陀仏の浄土に往く〉あるいは〈霊山浄土《りようぜん》（『法華経』の信者が信じる浄土）に往く〉といった信仰さえあれば、お墓のことなんか心配せずにおられます。

別段、仏教の浄土でなくていいのです。キリスト教の人は天国を、イスラム教の人は楽園を信ずればよいのです。星の研究家であった野尻抱影が、その著『星三百六十五夜（上）』（中公文庫）の中で、ポリネシアの原住民たちは、死ぬ前に、自分の好きな星を指さして、

「自分が死んだらあの星に住む」

と言いつつ息を引き取る、と書いています。それもすばらしい信仰です。信仰さえあれば、われわれは死後のことを気にしないでいられます。死後のことが気になるのは、自分に宗教心のない証拠です。

8　宗教心がある人とない人の差

宗教心のない人は、どうしても美学に逃げたくなります。

死に際を立派にしたい——

美しく従容《しょうよう》として死にたい——

そんなふうに思うのは美学ですよ。宗教心があれば、どんな死に方をしたってかまわないと腹をくくることができるのですが、そうでないと往生際をよくしたいと変な願望を抱くようになります。

それについては、遠藤周作（一九二三—一九九六）の次の言葉がいいですね。

私はカトリックですが、カトリックのいいところのひとつは本性をさらけ出せるということです。

椎名麟三《しいなりんぞう》さんはプロテスタントですけど、洗礼を受けた時に、私に、

「遠藤さん、ぼくは洗礼を受けたから、これでじたばたして、虚空《こくう》を掴《つか》んで、死にたくない、死にたくないと叫んで死ねるようになったよ」

と言ったんです。私には椎名さんの言うことはとてもわかる。自分の醜《みにく》いことをどんなにさらけ出しても、神さまにはたいしたことではないということです。

うまく年をとって従容として死んで行っても、じたばたして死んで行ってもいいと今の私は思うんです。理性ではみにくい死にざまはしまいとして、それを実行しようとしても、意識下では人間はやはり死にたくないからです。神はそんな我々の心の底をみんなご存じのはずです。だから神の眼からみると同じなんです。じたばたして死ぬことを肯定してくれるものが宗教にはあると思うからです。（『死について考える』光文社）

宗教は安らかな死に方を教えてくれるといった考えはまちがいです。それは美学です。じたばたして、のたうちまわって死んでもいいよ……と、宗教は教えてくれているのです。わたしも遠藤さんに大賛成です。

そしてもう一人、正岡子規（一八六七―一九〇二）がいます。この明治の俳人、歌人は、脊椎カリエスのため、三十歳になる前から死ぬまで、ほとんど病床にいたのですが、ある日、その病床で彼は忽然《こつぜん》と気づいたのです。

余は今迄《まで》禅宗の所謂《いわゆる》悟りといふ事を誤解して居た。悟りといふ事は如何《いか》なる場合にも平気で死ぬる事かと思つて居たのは間違ひで、悟りといふ事は如何なる場合にも平気で生きて居る事であつた。（『病牀六尺』）

彼は病床にあって、起き上がるどころか寝返りも打てぬありさまです。激痛の中で、彼は自殺を考え、そしてそれを思いとどまります。

サア静カニナツタ　此家《コノイヘ》ニハ余一人トナツタノデアル　余ハ左向《ヒダリムキ》ニ寝タマ、前ノ硯箱《スズリバコ》ヲ見ルト……二寸許《バカ》リノ鈍《ニブ》イ小刀ト二寸許《バカ》リノ千枚通シノ錐《キリ》トハシカモ筆ノ上ニアラハレテ居ル　サナクトモ時々起ラウトスル自殺熱ハムラ、、ト起ツテ来タ……併《シカ》シ此《コノ》鈍刀ヤ錐デハマサカニ死ネヌ　次ノ間ヘ行ケバ剃刀《カミソリ》ガアルコトハ分ツテ居ル　ソノ剃刀サヘアレバ咽喉《ノド》ヲ掻《カ》ク位《グラヰ》ハワケハナイガ悲シイコトニハ今ハ匍匐《ハラバ》フコトモ出来ヌ　……此《コノ》小刀デモノド笛《ブエ》ヲ切断出来ヌコトハアルマイ……トモカクモ此《コノ》小刀ヲ手ニ持ツテ見ヨウト迄《マデ》思フタ　ヨツポド手デ取ラウトシタガ　イヤ、、コ、ダト思フテジツトコラヘタ

心ノ中ハ取ラウト取ルマイトノ二ツガ戦ツテ居ル　考ヘテ居ル内ニシヤクリアゲテ泣キ出シタ……（『仰臥漫録』）

その子規を支えたものは、

——いかなる場合にも平気で生きること——

といった、彼の悟りです。宗教心だけが彼を支えてくれたのです。美学ではダメなんです。

わたしたちは、自分の死にざまなんか気にしないでおきましょう。ましてや

死後の心配なんてしない。葬式のこと、お墓のこと、遺産相続のこと……そんな心配はする必要ありません。

だってそれらは、すべて他人の仕事ですよ。

わたしの知人に、夫は禅宗、妻はクリスチャンという人がいます。ある日、彼からわたしは相談を受けました。

「うちの女房が、『あなたが先に死んだら、あなたのお葬式をキリスト教でやってよいか?』と言うねん。どうしたらいい?」

わたしはすかさず答えました。

「『ああ、いいよ』と答えておけばよい。『その代り、おまえが先に死んだら、葬式は仏式でやってやるからな』と。これは言っても言わなくてもよいのだが、だいたい夫の葬式は妻の仕事、妻の葬式は夫の仕事だろ。それぞれが、自分の好きなようにやればいいんだよ」

しかし彼は、あまり釈然としなかったようです。

馬鹿ですねえ、他人の仕事のことを心配するなんて……。

第4章

過去を気にしない

単なる「引き金」を「原因」と錯覚する人

第一章の4節で、お姑さんのいる極楽浄土になんか、わたしは往きたくない。それならわたしは地獄に行く。そう言った女性の話を紹介しました。彼女は、自分の死後を心配しているのです。

わたしは、彼女が行く地獄は孤独地獄だと思います。誰もいない地獄です。彼女をいじめる地獄の鬼すらいません。インドの論書の『倶舎論《くしゃろん》』によって計算すると、孤独地獄の刑期は一兆六千二百億年です。その一兆六千二百億年のあいだ、彼女はぽつねんと独りで過ごさねばなりません。

一方、お姑さんは、極楽世界で阿弥陀仏の教えを聴聞《ちょうもん》し、楽しく毎日を過ごしておられます。

その落差！

馬鹿ですねえ、彼女は。彼女は、お姑さんからいじめられた。それは事実でしょう。その過去のことを根に持って、〈あんなお姑さんには会いたくない〉ということで地獄を選んだ。それで一兆六千二百億年を孤独に過ごさねばならないのです。

しかし、真の宗教心があれば、お姑さんがすでに極楽浄土に往生して、そこで仏弟子となって阿弥陀仏の指導を受けておられることが信じられるはずです。そして彼女も、極楽浄土に生まれたならば、やはり阿弥陀仏の弟子となるのだ、と信じられます。

彼女もお姑さんも、昔のままの人間ではありません。だから二人が再会すれば、

「お義母《かあ》さん、ごめんなさい」

「いいえ、わたしこそ。わたしも意地悪で、あなたにつらく当たったね。赦してね」

と和解ができるはずです。そう信じられるのが宗教心です。

ところが宗教心のない人は、いつまでも過去のことを根に持ちます。くよくよ、じくじくと悩みます。それで苦しむはめになるのです。

だから、過去を気にしないことにしましょうよ。第四章では、

――過去を気にするな！――

といった教訓を研究することにします。

❦

わたしたちがなぜ過去にこだわるかといえば、たぶん自分がいまこうなった「原因」が過去にあると思っているからです。

〈あのとき、あんなことをしなければ、こうならなかったのに……〉

〈あいつがあんなことを言わなければ、わたしは腹を立てなかったのに……〉

ということで、すべてを過去のせいにしている。だからどうしても過去から離れることができないのです。

おもしろいことに、物事が順調に行っているときは、人間はあまり過去を振り返りません。〈俺は努力したから成功したんだ〉〈俺には才能があるから、うまく行ったのだ〉と思っています。うまく行かなかったとき、われわれは過去をほじくり返すようになります。

だが、いくら過去をほじくり返しても、そもそも物事がうまく行かなかった「原因」なんて分かりませんよ。

たとえば、嫁と姑の対立だって、「原因」は不明です。同僚との喧嘩だって、どちらが悪いか分かりません。

英語に〝ラスト・ストロー（last straw）〟といった言葉があります。辞書で見ると、

《耐えきれなくなる最後の限界》（『ジーニアス英和辞典』）

とあります。文字通りには「最後の藁《わら》」なのに、なぜそんな意味になるのでしょうか？

ラクダに荷物を背負わせます。もうラクダが耐え切れなくなる限界まで荷物を積んで、最後に一本の藁を載せます。するとラクダがへなへなと崩れてしまう。その最後の一本の藁がラスト・ストローです。

でも、その最後の一本の藁が、ラクダがへたり込む「原因」ではありません。

ラクダがへたり込んだのは、それまでに積載された荷物の全重量です。それなのにわたしたちは、その最後の藁が物事の「原因」と思ってしまいます。〈あのとき、お義母《かあ》さんが笑わなければ、わたしも腹を立てなかったのに……〉

というわけですが、別の機会にお姑さんが腹をかかえて笑ったとしても、別段彼女は腹を立てません。それなのに、彼女は笑いがすべての「原因」であるかのように錯覚しています。

だから、その「原因」を除去しても、物事の解決にはなりません。物事を解決したいのであれば、ラクダの積荷を全部下ろすよりほかない。嫁と姑の関係をすべて断ち切るよりほかありません。でも、そんなことはできません。そこに解釈のむずかしさがあります。

ともあれ、最後の一本の藁は、物事の「引き金《がね》」ではあっても「原因」ではありません。そこのところをまちがえないでください。

もう一つ、違った例で考えてください。

定員十名のエレベーターに十一名ぐらいが乗っても重量オーバーになりません。ところが、すでに十一名が乗っているエレベーターに、ちょっと太った男が乗り込んで来ました。すると重量オーバーのブザーが鳴ります。

そのとき、全員がその最後の男を非難の目で見ます。

〈おまえが悪い。早く降りろ！〉

そして、太った男は頭を掻《か》きながら降りて行きます。日常よく見られる光景です。

けれども、まちがってもらっては困るのですが、その最後の太った男が重量オーバーの「原因」ではありません。

「原因」は、彼を含めた十二名の全員にあります。いくら太っていても、誰も乗っていないエレベーターに彼が乗っていたとして、絶対に重量オーバーにはなりません。彼からすれば、すでに乗っていた十一名が悪いのです。

もちろん、最後に乗った男は、重量オーバーの「引き金」になっています。だから彼が降りたほうがよいでしょう。だが、十一名の社員が乗っていて、最後に社長が乗り込んで来て重量オーバーになったら、たいていは誰か社員が降りますよね。世の中はそういうものです。

インフルエンザのウイルスが風邪の「原因」とは言えないでしょう。その人の体調が悪かったために流感になるのです。ウイルスがうようよいるところを歩いても、流感にかからない人もいます。

学校にいじめがあるのは、いじめっこがいることだけが「原因」ではありません。いじめっ子も、現在の激烈な競争社会でいじめられているのです。

わたしに言わせれば、日本の社会全体が競争社会になり、学校にもまた競争原理が持ち込まれたことが、昨今のいじめが発生する大きな理由だと思います。学校がみんなで楽しく、のびのびと遊べる場になれば、きっといじめは少なくなるでしょう。

多くの人は、努力をすれば幸福になれると思っています。でも、それはまちがっています。本当は、幸福だから努力ができるのです。

原因と結果をあべこべにしないでください。

バタフライ効果（butterfly effect）と呼ばれるものがあります。俗に、「北京で蝶（バタフライ）がはねを動かすと、ニューヨークに竜巻が起きる」と言われているものです。カオス理論では、初期条件によって以後の運動が一意的に定まる系において、その初期条件のわずかな差が長時間ののちに大きな違いを生じさせます。

そして、最初には予測できなかった結果になる、そういう現象がバタフライ効果です。日本で昔から言われていた、

——大風が吹けば桶屋《おけや》が喜ぶ——

がこれですね。大風が吹くと砂ぼこりのために失明する人がいる。その盲人は三味線を習うから、ネコの皮の需要が多くなり、ネコが殺されるとネズミが増え、ネズミが桶をかじるので桶屋が儲かる——という次第です。

ともかく、何が原因で、どういう結果になるか分かりませんよ。その「分からない」ということだけは分かっています。

ですから、科学者はともかく、われわれが日常生活を送る場合、いちいち原因追究なんかしなくていいのです。何が原因で、どうしてこのような結果になったのか、誰にも分かりません。

したがって、われわれは過去を気にしないでいましょう。過去を気にすると、どうしても原因追究をしたくなりますから。

2　時間は未来からやってくる!

釈迦はあるとき、舎衛城《しゃえじょう》（シュラーヴァスティー）の祇園精舎《ぎおんしょうじゃ》で弟子たちに、

「今日、わたしは『一夜賢者の偈《げ》』について話そう」

と言って、一つの偈（詩）を語りました。

過去を追うな。
未来を願うな。
過去はすでに捨てられた。
未来はまだやって来ない。
だから現在のことがらを、
現在においてよく観察し、
揺ぐことなく動ずることなく、

よく見きわめて実践すべし。

ただ今日なすべきことを熱心になせ。

誰か明日の死のあることを知らん。(『マッジマ・ニカーヤ』一三一)

どうやらこの詩は、当時、巷間《ちまた》でよく知られていたもののようです。この詩の内容が自分の思想と一脈通じるものがあるので、釈迦はそれを弟子たちに語って聞かせたと推定されます。そして釈迦は、この詩の一句一句を弟子たちに解説しています。

そして釈迦は、この詩の通り実践した者を「一夜賢者」といい、心の鎮《しず》まれる者であると結んでいます。

では、「一夜賢者」とは何でしょうか?

古代の人たちは、夜をもって一日を数えました。例の『アラビアン・ナイト』は英訳名です。日本語訳のタイトルは『千夜一夜物語』といいます。これは現代的には「千一日」のことです。日本でも、子どもが生まれて七日目の祝を「御七夜《おしちや》」といいますね。だから、〝一夜賢者〟は「一日賢者」という意味です。

しかし、「一日賢者」といっても、「一日駅長」や「一日税務署長」と同じではありません。「一日駅長」はその日だけ駅長の役目を務め、翌日は駅長でなくなります。

けれども「一日賢者（一夜賢者）」は、ともかく今日一日は賢者でいようと努力をし、そして翌日になれば、また今日一日を賢者であろうと努力する。そういう人をいうのです。

わたしたちは、賢者になりたいと思います。あるいは善人になりたいと思います。しかし、賢者・善人であり続けることは、なかなか大変です。しんどいですね。

そうではなしに、ともかく今日一日だけは賢者・善人でいようと思うのです。明日のことは知りません。今日一日だけでいいのです。

そして、それがうまく行ったら、その翌日、ともかく今日一日だけは賢者・善人でいようと努力すればいいのです。

もちろん、われわれは未完成な人間ですから、その今日一日だけでも失敗することがあります。でも、失敗を気にしてはいけません。また明日がやって来ます。すると昨日のことは忘れて、また今日一日は……と努力すればいいのです。それが《過去を追うな。未来を願うな》です。

ここでわたしは、アメリカの女性作家のマーガレット・ミッチェル（一九〇〇―四九）の長編小説『風と共に去りぬ』の最後のシーンを思い出します。主人公のスカーレット・オハラが、

“After all, tomorrow is another day.”

と呟《つぶや》きますが、あれを日本語に訳すのはむずかしいですね。「結局、明日は別の日だわ」というのが直訳ですが、それじゃあ雰囲気が出ません。ところが、いま、ふと思いついたのですが、これを

「そうだわ、明日になれば、また新しく始めればいいんだわ」

とすればどうでしょうか。釈迦が「一夜賢者」で言いたかったことは、それ

だと思います。

ともかくも今日一日。そして明日はまた新しい日で、それも今日一日。そういう調子で努力すればいいのです。

それには、過去にこだわってはいけません。過去は過去。そして今日は今日です。わたしたちは現在をしっかりと生きればよいのです。それが釈迦の教えたかったことだと思います。

心理学者の島崎敏樹著『感情の世界』（岩波新書）の中に、左のような指摘がありました。この本は一九五二年刊行で、わたしが中学時代に読んだ、相当に古いものですが、指摘の内容は古くなっていないと思います。

子供の魂は過去をもっていない。大人は子供をとらえて、この休みにはどこへ行ったかとか面白かったかとか訊ねがちであるが、きかれた方は至極迷惑である。子供は体験し終えたことは関心の背後へすててしまう。そうかといって子供は未来について語ることも得手でない。というのは、子供にとっては未来は先方からひとりでに流れこんでくるもので、不断に流れこむ現在の上で跳ねてさえいれば、自然と伸びてゆくからである。

子供ばかりではない。喜びの人では自分の過去は思いだされにくいものである。過去の体験がまざまざと心に甦えるときは、将来へ伸びようとする力が衰えたり、道がふさがれたり、悲しみに沈んだときである。


まさに、釈迦の「一夜賢者」と同趣旨ですね。ひょっとしたら子どもは「一夜賢者」かもしれません。

著者の島崎は気づいていないかもしれませんが、インド人は、時間は未来から流れてくると信じています。

われわれは「過去―現在―未来」と時間が流れると思っていますが、インド人には「過去―未来―現在」と時間が流れます。仏典にもその順序で時間が記述されています。

それはともかく、将来に関してあまり多くを望めない人が、過去を気にする

のだといった島崎の指摘はおもしろいと思います。だから年寄りになると、

「昔はよかった」

「いまどきの若い者はナットラン。わしらの若いころは、もっと覇気《はき》があった」

と、繰《く》り言《ごと》を言うようになるのですね。エジプトで四千年前の碑文《ひぶん》が発見された。学者が解読すると、

「最近の若者はケシカラン」

とありました。そういうジョークが語られています。

ともあれ、過去にこだわるのはやめましょう。

われわれは現在をしっかりと生きればよいのです。

なお、釈迦の《過去を追うな。未来を願うな》の教えを、わたしは、

――反省するな！――

――希望を持つな！――

とパラフレーズ（解釈）しています。これについては、あとで述べる機会もあるかと思っています。

3　今日は十五日、十五日以前にこだわらない

禅籍『碧巌録《へきがんろく》』は、臨済宗で重視される公案集です。その第六則に、かの有名な、

日日是好日《にちにちこれこうじつ》

といった言葉があります。中国・唐末の禅僧の雲門文偃《うんもんぶんえん》（八六四―九四九）の言葉です。

きっとその日は、夏安居《げあんご》の最終日の七月十五日であったと思われます。夏安居というのは、禅僧の合宿修行期間です。

雲門は弟子たちに垂示《すいし》します。

十五日已前《いぜん》は汝に問わず、十五日已後《いご》、一句を道《い》い将《も》ち来たれ。

十五日以前のことは、すでに過ぎ去ったことだから問題にしないでおく。十五日以後について、誰か一句を言ってみろ。そのように説示《せつじ》しました。

しかし、修行僧たちは、誰も何も言いません。

そこで、みんなにかわって雲門自身が言った一句が、

《日日是好日》

でした。毎日毎日、どの日もどの日も、すばらしい日だ。雲門はそう答えたのです。

けれども、この「十五日以後」を、遠い将来のことだと思ってはいけません。「十五日以前」は過去です。過去については考えるな！　おまえたちはいま現在、今日をどう生きるか？　雲門はそう問いかけたのです。「十五日以後」は現在、今日という日です。

そして雲門は、《日日是好日》と答えました。

じつはこれは、「毎日毎日が好日（すばらしい日）である」といった現状報告ではありません。そうではなくて、「毎日毎日を好日にせよ！」といった命令形です。そう読むべきです。

だって、わたしたちの毎日は、そんなにすばらしい日ばかりではありません。何をやってもうまく行かない、いやな日もあります。

上司に叱られた日もあるし、会社を首になることもあります。大学に不合格になる日もあれば、失恋の日もある。夫婦喧嘩の日も親子喧嘩の日もあります。にも・か・か・わ・ら・ず、その毎日を「好日」にせよ！　というのです。これは命令形です。

では、毎日をどうすれば「好日」にできますか？

それには過去（十五日以前）にこだわらないことです。

過去の失敗にくよくよしていると、今日は「好日」にはなりません。株で大損したからといって、その失敗を取り戻そうとすれば、かえって泥沼に落ち込みます。失敗は忘れてしまったほうがいいのです。覚えていたところで、なんにもなりません。

そうですね、たとえば大学受験に失敗したようなとき、前にも書きましたが、〈きっと阿弥陀仏（これは釈迦仏でもいいですし、観音様でもいい。あるいはキリスト教の人であれば神でもいいのです）は、今年大学に入ると、実力不足で大学の授業について行けなくなる。だから一年浪人して、実力を蓄えてから入ったほうがいい。そう考えて、わたしを落とされたのだ〉

と思えばいいのです。

会社をリストラされたとき、人々はしょげ返ります。けれども、その人はいちおう退職金を手にしたのです。会社が一年後に倒産して、残った人は一円の退職金も貰えないこともあります。そのほうが人生はお先真っ暗です。何がいいか／悪いか、誰にも分かりませんね。

だから、わたしたちは、どんな日だって「好日」にできますよ。できるはずです。雲門は、それゆえ、毎日毎日を「好日」にせよと、わたしたちに命じたのです。

できるからこそその命令です。そのことを忘れてはいけません。

4 寒さに成り切り、暑さに成り切る

雨ニモマケズ
風ニモマケズ
雪ニモ夏ノ暑サニモマケヌ

この有名な詩は、法華経信者であった宮沢賢治（一八九六―一九三三）のものです。賢治の死後、遺品のトランクの中に一冊の手帳があり、それに書きつけられていたものです。

彼は、雨にも風にも、冬の寒さにも夏の暑さにも負けないで、毎日をしっかりと生きていこうとする、そういう生活信条を持っていました。

しかしわたしは、この考え方は仏教のものとは少し違うのではないか、と思います。

わたしは、こういう言葉を聞かされると、つい、〈なんで負けたらあかんのや?! 負けたかて、かめへんやんか?!〉と思ってしまいます。どうもひねくれ者ですね。

同じく禅籍『碧巌録』には、

――洞山《とうざん》無寒暑《むかんしょ》――

の話があります。洞山良价《とうざんりょうかい》（八〇七―八六九）は、中国・唐代の禅僧です。彼のところに一人の僧がやって来て、

「寒暑到来、如何《いかん》が廻避せん」

と尋ねました。寒くなったとき、暑くなったとき、どうすればいいですか？ といった質問です。

「何ぞ無寒暑の処《ところ》に向かって去らざる」（それじゃあ、寒暑のない処に行けばよいではないか）

「如何《いか》なるか是《これ》無寒暑の処」（その無寒暑の処とは、いったいどういう処ですか？）

「寒時は闍黎《じやり》を寒殺し、熱時は闍黎を熱殺す」

〝闍黎〟とは〝阿闍黎《あじやり》〟の略で、サンスクリット語の〝アーチャールヤ〟を音訳したもの。「師」という意味。ただしここでは「おまえさん」といった意味に使われています。

つまり洞山は、「寒いときは、おまえさんが寒さそのものに成り切ればいいじゃないか。暑いときは、おまえさんが暑さそのものに成り切る。それが寒さ、暑さのない処だよ」と言っています。

冬、スキー場で、人々は寒さそのものに成り切っています。夏の海水浴で、暑さそのものに成り切る。スキー場では、寒ければ寒いほど楽しいし、海水浴は暑いほど楽しいのです。雨が降って、寒さにふるえながらの海水浴なんて、ちっとも楽しくないですよね。

これが仏教の考え方です。雪に負けず、夏の暑さに負けずにがんばるのは、仏教の考え方ではないと思います。

これは、子どもを亡くして悲しいとき、病気になって苦しいときも、わたしたちが悲しみそのものになる、苦しみそのものになればいい。悲しむだけ悲しみ、苦しむだけ苦しめばよいのです。

病気になって、病気なんかに負けるものか?! とがんばる人がいますが、それはそれでよいのでしょうが、わたしはそれは仏教者の生き方とは少し違っていると思います。

そういう意味で、わたしは宮沢賢治の考え方はあまり好きではありません。そんなことを言えば、賢治ファンが大勢おいでになるので、ブーイングを受けそうですが……。

この賢治に対して、堀口大学(一八九二―一九八一)の詩があります。堀口大学は、フランスのシュールレアリスムの詩を日本に紹介した詩人です。

雨の日は雨を愛さう。
風の日は風を好まう。
晴れた日は散歩をしよう。
貧しくば心に富まう。

わたしは、この大学のほうが「洞山無寒暑」に近いと思いますが……。

しかし、それはどちらでもいいのです。賢治でも大学でもいい。わたしたちは、いろんなやり方で「日日是れ好日」にせねばなりません。

悲しみに泣きながら、喜びに笑いながら、毎日を「好日」にする。それがわれわれの生き方でなければならないと思います。

5 第一の矢だけ！ 第二の矢を受けるな

わたしたちは失敗したとき、あるいは過ちを犯したとき、しばしば、

「よく反省しなさい」

と言います。けれども、反省するということも、わたしに言わせれば、過去に執着していることにほかなりません。

反省なんか、しないほうがよいのです。

わたしはすぐにかっとなってしまいます。あとで、〈しまった〉と思うので

すが、いくら反省してもダメです。〈この次はかっとならないようにしよう〉と心掛けていても、無理です。だって、怒りは瞬間的に沸き起こってカッとなるのですから、どうしようもありません。

では、どうすればよいでしょうか……？

プロ野球の選手の場合、たとえば三振をしてファンに野次《やじ》られます。「どうして、あんな球が打てないのだ?!」と言われるわけですが、そこでいくら反省しても、なんにもなりません。〈あの球は、こういうふうに打つべきだ〉と気づいても、次の打席で相手の投手が、まったく同じ球を投げてくる保証はないのです。相手のピッチャーが交替していることだってあります。

コーチ陣は、「よく反省して、二度と同じ失敗を繰り返さないようにしろ」とアドバイスしますが、いくら反省しても次にヒットが打てるかどうか分かりません。

で、どうすればよいか？　わたしは、練習を重ねるよりほかないと思います。どんな球が投げられても、それを打ち返す練習。また、ボール球に手を出さない練習を繰り返すだけ。それ以外に方法がないのではないか。わたしはそう思います。

でも、それじゃあ、わたしは、カッとならない、すぐに腹を立てない練習をすべきでしょうか？

そういう練習ができるのであれば、それもいいですね。

しかし、江戸時代の臨済宗の僧の盤珪永琢《ばんけいえいたく》（一六二二—九三）が、こんなことを言っています。この話は、藤本槌重編著『盤珪禅師法語集』（春秋社）にあります。

ある僧問うて曰く、某《それがし》は生れ付いて、平生短気にござりまして、師匠も、ひたもの〔ひたすら〕意見を致されますれども、直りませぬ。私もこれは悪しき事ぢゃと存じまして、直さうと存じますれども、これが生れ付きでござりまして、直りませぬが、これは何と致したら直りませうぞ。

つまり、この僧は、短気は自分の生れながらの性格である。どうしたらこの性格を改造できるかと尋ねています。

それに対する盤珪の返答が愉快です。

師の云く、そなたは面白い物を生れ付かれたの。今も短気がござるか、あらば爰《ここ》へ出さしゃれ、直して進ぜう。

もちろん、「短気をここに出せ」と言われても、出せるはずがありません。何かの折にひょっと短気が出ます——と僧は答えるよりほかありません。

すると盤珪が言います。

師の云く、然らば、短気は生れ付きではござらぬわ。何とぞした時、縁によってひょっと、そなたが出かすわいの。何とぞした時も我《わ》が出かさぬに、どこに短気があるものぞ。

ということは、短気は性格（生れつき）ではありません。何かの縁で、ふと出てくるものです。ですから、われわれが練習によって性格改造をしようとしても、縁によって出てくる短気がなくなるわけではない。それが盤珪の言いたいことです。

ならば、どうするか？

短気が出て来たとき、われわれはその短気に対処するよりほかありません。わたしがカッとなったとき、わたしはどうすればよいか？　そう考えるべきです。

そして、それについては、釈迦がこんな方法を教えています。『相応部経典』（三六・6）から、わたしの現代語訳で紹介します。

比丘《びく》たちよ、たとえば人をまず第一の矢で刺し、ついで第二の矢で刺すとする。すると、その人は二つの矢――すなわち二つの感覚作用を受ける。それと同じく、いまだよく教えを学んでいない凡夫《ぼんぶ》は、不快の感覚を受けて、憂え、疲れ、悲しみ、みずからの胸を打ちながら泣きわめくのである。彼は二つの感覚作用を受ける、〈肉体的な感覚作用〉と〈精神的な感覚作用〉とである。……

比丘たちよ、たとえば人をまず第一の矢で刺すが、しかし第二の矢で刺さないとしよう。すると、その人は、ただ一つの感覚作用を受けるだけである。それと同じように教えを学んだ聖弟子は、不快の感覚を受けながら、なんら憂えることもないし、疲れず、悲しまず、みずからの胸を打って泣きわめくことはない。彼は一つの感覚作用しか受けない。それは〈肉体的な感覚作用〉だけであって、〈精神的な感覚作用〉ではない。……

満員電車の中で足を踏まれたら、誰だって「痛い！」と感じます。それが第一の矢です。

ところが、わたしなどは、つい第二の矢を受けてしまいます。

〈痛いじゃないかー。もっと気をつけろ！〉

と思うと同時に、〈いや、これはこの人の責任じゃないんだ。運転手が悪い。こんな乱暴な運転をするような運転手の責任だ〉と、あれこれ考え始めます。そうすると怒りが持続するのです。

本当に悟りを開いた聖者であれば、〈痛い！〉と感じただけで、そのあと何も考えません。だが、わたしのような凡夫は、〈痛い！〉に続いて一瞬、腹が立つ。そこまでは仕方がないと思います。しかし、腹立ちはその一瞬だけにすべきです。そして、すぐに忘れてしまう。それができれば、満点ではないにしても九十五点ぐらいになります。人格改造ではなしに、怒りが生じたときに、そのあとを九十五点がとれるぐらいにしたほうがよさそうです。

そもそも怒りの火が持続するのは、わたしたちが薪《まき》を補給し続けるからです。薪を補給しなければ、火は自然に消えます。

ということは、何も考えてはいけません。この怒りを鎮めねばならないとか、俺は悪くない、あいつが悪いのだとか、いや相手を許すべきだ、俺はどうしてこんなことにこだわっているのだろうかとか、あれこれ考えてはいけないのです。あれこれ考えることが、つまりは第二の矢です。そう考えると、反省することも第二の矢です。釈迦は、第二の矢を受けるな！　と、教えました。ということは、釈迦は、「反省するな！」と教えたのです。わたしはそう考えています。

6 「自燈明」と「法燈明」を考える

釈迦は八十歳のとき、クシナガラにおいて入滅されました。その少し前、釈迦は侍者のアーナンダ（阿難）に、次のように言い聞かせています。

「それゆえに、アーナンダよ、自分自身を燈明とし、自分自身をよりどころとするがよい。他のものをよりどころとしてはならない。法を燈明とし、法

をよりどころとするがよい。他のものをよりどころとしてはならない」(『マハーパリニッバーナ・スッタンタ』二・26)

これが、あの有名な、

――自燈明《じとうみよう》　法燈明《ほうとうみよう》――

と呼ばれるものです。釈迦が入滅すれば、この世は暗闇となる。その暗闇の中を、おまえたちは自分自身と法を燈明にして歩け！　釈迦はアーナンダにそのように教誡したのです。

〝法〟とはサンスクリット語の〝ダルマ〟であり、釈迦の教えた真理です。わたしたちが釈迦の教えを燈明とすべきなのはよく分かります。当然です。ですが、どうして自分自身が燈明になるのでしょうか？

しかも、法燈明よりもさきに自燈明があります。どうしてでしょうか……？

わたしは、これは主体性の確立だと思います。

わたしたちは、みんながそうするから自分もそうする、といったふうに、ついつい「みんな」に引きずられてしまいます。とくに日本人がそうですね。俗

に言う、

——赤信号、みんなで渡れば怖くない——

です。そうすると、みんなが不妄語戒《ふもうごかい》を破って嘘をついているから、わたしも嘘をついたってかまわないとなってしまいます。

それじゃあいけない——というのが、釈迦の「自燈明」です。

ということは、わたしたちがこれまでに考察した、

——他人を気にしない——

——世間を気にしない——

ことです。わたしが釈迦の教えを守るのだという、そのわたしをしっかりと確立してから、釈迦の教え——法——を燈明にすべきです。釈迦はそのようにアーナンダに言い聞かせたのです。

次にわたしたちは、わが国、曹洞宗の開祖の道元（一二〇〇—五三）の事績を見てみましょう。

道元は貞応二（一二二三）年に宋に渡り、浙江省寧波市にある天童寺で修行しました。その天童寺での出来事です。

夏の炎天下、笠もかぶらずに椎茸を乾している典座《てんぞ》がいました。典座というのは、禅寺にいる食事係の僧です。道元が年を尋ねると、六十八歳という返答。その典座があまりにも苦しそうな様子なので、道元が言いました。このあとは、道元の『典座教訓』より、読み下し文で紹介します。

山僧云う、「如何《いかん》ぞ行者《あんじゃ》・人工《にんく》を使わざる」と。座《ぞ》云う、「他は是《こ》れ吾《われ》にあらず」と。山僧云う、「老人家、如法なり。天日且《か》つ恁《かく》のごとく熱し、如何《いかん》ぞ恁地《かくのごとく》にする」と。座云う、「更《さら》に何《いず》れの時をか待たん」と。山僧、便《すなわ》ち休す。

〝行者〟は、老僧の身の回りの世話をする見習い僧で、〝人工〟は禅寺にいる在家の使用人。道元は、六十八歳にもなる老僧に、そんな雑用は自分でやらず彼らにやらせればいいじゃありませんか、と言いました。すると典座は、

《他は是れ吾にあらず》

といった返答。他人はわたしじゃない。これはわたしの仕事だ。わたしの修行なんだ。わたしの修行を他人にやらせるわけにはいくまい、ということ。

それはその通りです。わたしの小便大便を、他人に頼んでしてもらうことはできませんよね。

わたしたちは日常生活において、どうしてわたしがこんなことをしなければならないのか?! と、ぼやくことがあります。本当なら、あいつがするべき仕事なんだ、というわけです。

でも、諸般の事情でそれをわたしがせねばならなくなれば、それはわたしの仕事なんです。だからそれを一生懸命にすべきです。老典座はそのことを言ったのです。

道元は、「老人よ、おっしゃる通りです」と言います。

「だが……」と、道元はそれに付け加えて言いました。「いま、太陽はこんなにも熱い。どうしてこのようになさるのですか?」と。つまり、もう少し涼しくなってからなされればよいのではないですか……と言ったのです。

それに対する老典座の応答がすばらしい。

《更に何れの時をか待たん》

でした。「いまを外して、いったいいつやればいいのだ?!」ということです。

《山僧、便ち休す》

わたしは絶句せざるを得なかった。道元はそのように告白しています。

わたしたちは、しばしば「あとで、あとで」と言います。自分がやらねばならない仕事を、一寸延ばしに先送りします。なぜか、といえば、それが本当に自分の仕事だと認識していないからです。

過去のいろいろの経緯《いきさつ》にとらわれて、〈本当であれば、わたしはこんな仕事をしないでよいのに……〉と思ってしまうからです。

しかしわたしたちは、どういうきっかけかは分かりませんが、わたしがその仕事をすることになれば、いま、すぐにそれをやるべきです。老典座はそのことを道元に教えたかったのだと思います。

つまり、禅の精神は、

です。〝即今〟は「いま」、〝当処〟は「ここ」です。わたしたちは、いま・ここで・わたしが生きているのです。そのことを忘れてはなりません。

——即今《そっこん》・当処《とうしょ》・自己——

わたしは、ある出版社の女性編集者を知っています。彼女は優秀な編集者で、すばらしい仕事をしていました。

ところが、ちょっと失敗したのです。ミスをしてしまった。それで降格されて、社員食堂の管理の仕事に回されました。

誰もが気の毒に思うペナルティ的な人事でした。彼女は腐るかと思いきや、嬉々《きき》としてその仕事に従事しました。直接、その姿を見たことはありませんが、他の社員からその話を聞いて、彼女こそ「即今・当処・自己」の禅の精神に生きていると、わたしは感心しました。

〈本当であれば、わたしはこんな仕事をしないでいいのに……〉

と思うかもしれません。それは過去を気にしているのです。同時に世間を気

にしています。編集の仕事と社員食堂の仕事と、世間のランク付けを気にしています。そんなものは気にせず、

〈自分は自分〉

と割りきって生きればよいのです。どうせ一度しかない人生なんですから。

第5章

もっと自由に――気にしない極意

「気にしない」ことを気にしない

いよいよ最終章になりました。

これまでの章では、どうもわれわれは他人や世間、未来や過去を気にするのですが、そんなことをちっとも気にする必要のない理由を明らかにしました。気にする必要のないことさえ分かっていただければ、きっとみなさんは他人も世間も、未来も過去も気にしないようになれるでしょう。そう考えて書き綴ってきました。

「でも……」

きっと中には、「でも、そう言われたって、じゃあどうすれば気にしないでいられるのだ?! やはり気になるよ」とおっしゃる方がおいでになります。おそらく大多数の読者がそうでしょう。

しかし、「どうすれば……?」と問われても、簡単に「こうしなさい」と助言はできません。それぞれ人は性格が違い、性別・年齢・職業が違い、家族構成も同じではありません。それぞれの人が自己に応じてそれぞれに工夫をこらすよりほかありません。だから、それぞれに一緒で、画一的な治療法がないのと同じです。

胃潰瘍《いかいよう》で入院している患者に医者が尋ねました。

「きみ、胃はどこにあるか、知っているかい？」

患者は自分の胃のある部分を指で押さえます。

「ちゃんと知ってるんだね。だが、それじゃあ胃潰瘍は治らんよ。自分の胃がどこにあるかを忘れて、たまには暴飲暴食するぐらいでなけりゃあ、病気も治らんよ」

そう医者は言いました。

なるほどその通りです。病気というのは「気を病んでいる」ことで、胃を気にしているのが病気です。古来、医者のあいだでは、

――ある器官の存在を感じることが、すなわちその器官が病気である――

といった名言があります。膝が痛んでいないときには、膝のことなど忘れて気にしていませんよね。

でも、だからといって、胃潰瘍の人の全員に、たまには暴飲暴食をせよとすすめるわけにはいきません。それで治る人もいれば、かえって悪くなる人もいます。繰り返しになりますが、画一的な治療法なんてないのです。

それと同じで、他人・世間・未来・過去を気にしないための画一的な方法なんてありません。かりに、

「他人がどう言おうと、そんなことはほうっておいて、あなたは自分の好きなようにやりなさい」

とアドバイスをすると、そのために他人に突っかかり、たえず他人と喧嘩するあなたになるおそれがあります。それは結局、他人を意識し、気にしているのです。矛盾してますね。

……というわけで、気にしないための画一的方法はありません。各自がそれぞれに工夫すべきです。

と、言ってしまえば、あまりにも不親切です。

それに本書は『気にしない、気にしない』と題しているのですから、それじゃあ羊頭狗肉《ようとうくにく》になりかねません。ですから、この章では、気にしないためのヒントを書くことにします。

これまでの章では、他人や世間、未来や過去を気にしないほうがいいといった、いわば原理的な面を考察してきました。それに対して、本章は応用篇だと思ってください。

そこで、あらかじめ弁解しておきますが、応用篇の性質上、ややもすれば原理篇と矛盾することがあります。おまえは、前にはこう言っているが、今度は違うことを言っている。おかしいではないか?! そう言われる面もあるかと思います。

しかし、原理は原理で、それを応用するときには、原理通りに行かないこともあります。その辺のところは、読者も自分で考えて、状況に合わせてうまく原理を応用してください。最初にそうお願いしておきます。

2 「自由」の反対は「世間由」

さて、第五章は「もっと自由に――気にしない極意」といった章題にしました。

〝自由〟というのは、文字通りに「自分に由《よ》る」ということです。そして、その反対が「世間由《せけんゆ》」です。

この例は第一章の2節でも使いましたが、松子ちゃんが算数のテストで七十点をとりました。「よくやったわね」と、お母さんは褒めます。しかし、そのあと、「平均点はいくらだったの？」とお母さんが訊きます。「八十四点」と松子ちゃんが答えます。するとお母さんが言います。

「あなた、もっとがんばらないとダメよ」

これが「世間由」です。平均点は「世間」の問題です。平均点が六十点だと松子ちゃんは優秀、八十四点だと劣等生、そんなふうに「世間」を基準にして松子ちゃんが評価される。それはおかしいですね。松子ちゃんは松子ちゃんです。それが「自由」です。そう思ってください。

あるいは、「自由」ということは、この場合、「世間」から自由になる（解放される）ことだといってもよいでしょう。

「松子、梅子ちゃんの点数は何点だった？」

そうお母さんが訊き、「九十点」と松子ちゃんが答えました。するとお母さんが言います。

「松子、ダメじゃないの。梅子ちゃんに負けないようにがんばりなさい」

「でもね、お母さん、竹男くんは六十点だったよ」

「そんな他人のことは、どうでもよろしい」

でもね、他人のことを最初に持ち出したのはお母さんのほうですね。

わたしたちは「他人」からも自由になりましょうよ。「未来」からも「過去」からも自由になりましょう。解放されましょう。気にしないでいましょう。それが「もっと自由に」の趣旨なんです。

したがってこの「自由」というのは、第四章の6節で述べた、釈迦の《自燈明》に相当します。あるいは、第一章の7節で述べた、

《ひとへに親鸞一人がためなりけり》

であり、『旧約聖書』の「出エジプト記」にある、

《あなたには、わたしをおいてほかに神があってはならない》

に同じなんです。

ともあれ、わたしが問題なんです。他人のこと、世間のことはどうだっていいのです。それが「自由」です。

臨床心理学者であった河合隼雄（一九二八―二〇〇七）がこう語っています。

日本人は「私」といっていても知らん間に「私ら」になっている。何かほかのものが入り込んできている。これはそういうふうに小さいときからつくりあげられてきているのではないか。そしてそういうことができなかった

ら、日本人としては非常に住みにくいし生きにくい。（『こころの最終講義』新潮文庫）

他人や世間を気にせざるを得ないのが、日本人の宿命かもしれません。困ったことです。

3　阿呆になりなさい

そこで、他人・世間・未来・過去を気にしないための大原則を提示しましょう。それは、

——阿呆《あほ》になりなさい——

ということです。「わて、阿呆だんねん」とあなたが言えるようになれば、あなたは余計な心配をせずにいられます。

ただし、〝阿呆〟と〝馬鹿〟は違います。どう違うか？　大阪弁では、「あん

た、阿呆やなあ……」というのは、相手を温かく包容する言葉でした。馬鹿といえば、相手を罵倒《ばとう》する言葉で、「おまえは馬鹿だ」と言えば、喧嘩になったものです。

いま過去形で書きましたが、わたしは十八まで大阪で育ち、そして東京に出て来たもので、現在の大阪人が〝阿呆〟と〝馬鹿〟をどのように使っているか、あまりよく知りません。妹などに、「兄ちゃんの大阪弁、古いわ」と言われています。

そこで、〝阿呆〟と〝馬鹿〟について、わたしの勝手な定義を下します。

まず「馬鹿」は、問題を解決しようとして、知恵が足りないもので、うまく問題を解決できない人をいいます。たとえば大金持ちになろうとして（つまり貧乏という問題を解決しようとして）、宝くじを一万枚も買うのが馬鹿です。

「阿呆」のほうは、はじめから金持ちになろうなんて考えていません。「ええねん、ええねん、貧乏でもかめへん。毎日、のんびり、ゆったり暮らせたら、なんにも言うことあらへん」と貧乏を楽しむ智慧を持っています。

つまり、知恵の足りないのが「馬鹿」で、智慧を持っているのが「阿呆」です。わたしはそのように定義したいですね。

わたしはいま、〝知恵〟と〝智慧〟とを書き分けました。これは仏教にもとづく表記の区別で、

知恵は……分別智《ふんべつち》、われわれが日常発揮する世俗の知恵。

智慧は……無分別智《むふんべつち》、仏教の悟りにもとづく智慧をいいます。

世間の常識では、分別のあることはいいことです。物事の是非、善悪、道理を判断できる人が分別のある人です。

しかし、仏教的には、本当は区別する必要のないものまで区別するのを「分別」といいます。

たとえば、いずれも美しい花なのに、われわれは園芸花と雑草を分別します。いや、雑草と野草の分別がおかしいですね。雑草というのは、人が管理している土地に生えて、管理しているものに有害な影響を与えるものをいいます。田や畑に生える草は、土地から水分や栄養分を奪い、農作物の生育を妨げます。公園に生える草は美観を損ねます。だから雑草になります。同じ植物が

山野に生えると野草になります。このように区別するのが「分別」です。馬鹿げた分別です。

しかし、こんな分別をしていると、わたしたちは人間までをも差別するようになります。男と女の差別、良い子／悪い子／普通の子といった差別、美人と不美人の差別……。だから仏教は分別するな、と教えます。その分別しない智慧が無分別智です。

こんな例で考えてください。

ある水族館で、飼育している魚のエサに金魚を与えていたとします。すると来館者が、「残酷だ！」と抗議をします。それで水族館側は、餌を金魚からドジョウに変えました。すると誰も文句を言いません。きれいでかわいい金魚が食べられるのは残酷で、ドジョウが食われるのは当然。それが分別智です。

一方、江戸時代の禅僧の良寛（一七五八―一八三一）の話です。ある冬の日、良寛は縁側で日向《ひなた》ぼっこをしていました。虱《しらみ》が襟元をもぞもぞしています。すると良寛は、

「虱さん、あなたもきっと日向ぼっこをしたいんだよね」

と、縁側で日向ぼっこをさせてやります。そして日が陰ると、

「寒くなったでしょう。さあ、虱さん、お戻りなさい」

と懐に戻してやりました。仏教者の目には、虱も仏の命を貰《もら》って生きていま
す。虱と蝶とトンボの命に差はありません。それが無分別智です。

つまり無分別智を持った良寛は阿呆です。そういう阿呆になろうよ――とい
うのがわたしの提案です。馬鹿になれ！　と言ってるのではありませんから、
誤解しないでください。

4　問題を解決しようとしないこと

阿呆は、問題を解決しようとはしません。そこに阿呆の良さがあります。

嫁と姑の対立にしても、普通は双方ともに問題を解決したいと願っていま

す。いがみ合いたくない、仲良く暮らしたいと思い、どうすれば仲良くできるか、あれこれ解決法を模索します。そうしてかえって問題をこじらせてしまうのです。

嫁がお姑さんのためにうなぎを買ってくる。ところが義母に、

「わたし、今日はこんな脂っこいものは食べられません。お茶漬で結構」

と言われると、嫁はカチンときます。お姑さんが嫁の手助けをしようとして、ちょっと食器の洗い物をします。しかし嫁は〈お義母《かあ》さんの洗った物には、まだ汚れがついている〉ということで、もう一度洗い直しをします。それを見て姑はカチンときます。両方の善意が問題をこじらせる。そういうことがままあります。

それよりは、阿呆になったほうがよいですね。

〈うち、阿呆やねん。そやから、どうしようもないわ〉

とあきらめて、まあその日一日をうまくやるようにすればいいのです。

明日になれば姑（嫁）を追い出すかもしれない。それともわたしが家を出るかもしれない。そんな先のことは見えずに、今日一日だけ姑（嫁）の機嫌を取

っておく。それが阿呆のやり方です。

「昨夜《ゆうべ》、どこにいたの？」
「そんな昔のこと、覚えていないね」
「今夜、会ってくれる？」
「そんな先のこと、分からない」

オールド映画ファンは知っておられますね。アメリカ映画「カサブランカ」に出てくる男女の会話です。この要領が阿呆のやり方なんですよ。

知人の浄土宗の僧侶の息子が、高校一年生のときに登校停止処分を受けます。彼は部室で酒を飲んでいたのが見つかり、一週間の登校停止になったのです。

父親の僧侶は宗門の重要な役職にあって、非常に忙しい人でした。ところが彼は、すべての仕事をなげうって息子に付き合ったというのです。「俺は入院したことにしてくれ」と、秘書に申し渡しました。

「で、息子さんと、何をしたのですか?」

「それがね、一週間、朝から晩まで、息子と酒を飲んでいた」

ちらりと舌を出して、彼はそう言いました。わたしは苦笑せざるを得ません。飲酒によって登校停止処分を受けた息子と酒びたりになるなんて、おかしいと言うか、あっけに取られました。

一週間のあいだ、父親は息子に何も言いません。ただ酒を飲んでいただけだそうです。

そして最後の日に、父親は息子に言いました。

「おまえ、どうする? あんな学校に行くのがいやだと言うのなら、お父さんが金を出して外国に留学させてやってもよいぞ。他にやりたいことがあるなら、自由にやっていいぞ」

「おやじ、ぼくもこの一週間、いろいろと考えた。それで、もう一度、ぼくはやり直すつもりだ」

息子は復学し、優秀な成績で高校を卒業し、一流大学に入りました。いまでは宗門で大活躍しています。

いい話ですよね。息子にとっては、忙しい父親が自分のために一週間という時間を割《さ》いてくれたことが、何よりのプレゼントです。仏教的にいえば、それは布施です。うれしかったに違いありません。その布施が、彼の人生を変えたのです。

わたしはこの父親に「阿呆」を見ます。

彼は、問題解決なんて考えていません。息子が非行で処分を受けた。その息子を立ち直らせてやりたい……なんてことは考えていないのです。先のことなんてどうだっていい。過去のこともどうだっていい。登校停止処分を受けた息子と、ともかくこの一週間をどのように楽しく過ごすか。それだけが阿呆の考えることです。

息子に説教をして、それで息子はうれしいでしょうか。立ち直れますか。かえって息子を腐らせ、絶望に追い込む。それは馬鹿のすることです。

阿呆になりなさい――。わたしはそう提案したいですね。

5　明日の心配をするのが馬鹿

阿呆には、どうすれば将来、物事が良くなるか、そんなことはさっぱり分かりません。日本経済が破綻するか／否か？　どうすれば世界が平和になるか？「そんなむずかしいこと、わいには分からへん」と、阿呆はそう言います。

そして、今日一日を楽しく生きる算段をします。


ラビ・トケイヤーの『ユダヤ・ジョーク集』（実業之日本社）に、こんな話があります。いよいよ明日が五百ドルの借金の返済期限です。しかし彼には一ドルの金すらありません。それで彼は眠れずに、部屋の中を行ったり来たり、まるで檻《おり》の中の白熊のようです。

妻があくびまじりに夫に声をかけます。

「どうしたの……？　まだ寝ないの？」

「あの金を明日中に返さなきゃならないんだ。心配で、とても眠れそうにないよ」

「それで、あなた、返すあてはあるの？」

「あるもんか……あったらこんなに苦労はしないさ」

「そう、それだったら、すぐに寝なさい。眠れなくて歩きまわるのは相手のほうでしょう」


これを読んだとき、最初、わたしは、〈なんて無責任な夫婦か?!〉と思いました。でも、よく考えてみれば、これは無責任ではありません。彼がなすべきことは、翌日になって、借金をしている人のところに行って誠心誠意お詫びをするか、あるいは別の人から金を借りて相手に返すか、それとも抵当に取られていた担保を失うか、ひょっとしたら刑務所に入れられるか、いずれにしても明日になってからのことです。

ならば明日になるまでは、熟睡すればよい。それがユダヤ人の考え方です。わたしはそういうふうに考え直しました。

もう一つ、同じくトケイヤー著の『ユダヤ処世術』（加瀬英明訳、徳間書店）にある話を紹介します。

ユダヤ人の古い童話のなかに「空飛ぶ馬」という話がある。

昔、ある男が王の怒りをかって死刑を宣告された。男は王に助命を嘆願《たんがん》し、王にこう言った。「王がいちばん大切にしている馬に、一年の余裕をくれれば空を飛ぶことを教えましょう」

一年経っても馬が空を飛ばなかったら、そのときこそ自分を死刑にしてよいと言った。

この嘆願は受け入れられ、王はいちばん大切にしている馬が空を飛ばなかったら、そのときはおまえを死刑にする、と言った。

同じ囚人仲間が「まさか馬が空を飛ぶはずがないだろう」と彼をなじると、その男はこう答えた。「一年以内に国王が死ぬかもしれない。あるいは私が死ぬかもしれない。それにあの馬が死ぬかもしれない。一年以内に何が起こるか未来のことを誰が当てることができるのだ。一年もあれば、馬が飛ぶようになるかもしれない」

これが阿呆の考え方なんです。

たった一年……と、われわれは思いますが、その一年のうちに何が起きるか、誰にも分かりません。未来のことは気にせず、一年でも半年でも、一か月でも、わたしに与えられた現在を楽しく生きればよいのです。阿呆はそう考えます。

現在を楽しまず、明日の心配ばかりをしている人を馬鹿と呼ぶのですよ。

6 〈どうぞお先に〉の精神で

わたし自身は出版社から「仏教評論家」の肩書きをいただいています。とはいえ、自分ではあまり「評論家」を自覚したことはないのですが、世間でそう呼ばれている以上、なかなか阿呆になれません。

どうしても日本の行く末や世界の将来に関して、評論めいた活動をせねばなりません。「知りまへんで……」で、すますことができないのです。

だから、いろんなことが気になります。「気にするな！」と書いておきながら、自分では盛んに気にしているのだから、言行不一致ですね。

じゃあ、わたしはどうすればよいのでしょうか……？

本書を執筆しながら、今後、わたしはこのような考えでいようと思うようになりました。それを書いてみます。

たとえば、わたしはエスカレーターの利用法が気になります。おもしろいですね、東京ではエスカレーターの左側に人が立ち、右側をあける。大阪は反対に右側に立ち、左側を駆け上り、駆け下りる人のためにあけておく習慣があります。せっかく二人が並んで立てるのに、片側をあけるものだから、混雑時には長い列になって待たされます。

あれが腹が立ってならないのです。わたしは、

〈歩きたい人は階段を使えばよいではないか。なんでエスカレーターを歩くの

だ。あんなことをしていると、いずれ事故が起きて、何人もが転落して死ぬことになる。日本人はそういう死亡事故が起きてからしか〝歩行禁止〟といった処置をとらない。けしからん！〉

と思うのです。そして、ときに意地悪をして、わざと右側に立ち、人々の通行を妨害してやります。

でも、それは、やはりわたしが世間のマナーを気にしているのですね。

ですから、これからは、わたしは気にしないことにします。

もっとも、わたしは自分の意見を変えるつもりはありません。いずれエスカレーターで人身事故が起きるだろう……といった予言を引っ込めることはしません。

しかし、エスカレーターの利用法のマナーについては気にしないことにします。

具体的にどうするのか？　それは、東京では左側、大阪では右側に立つことです。長蛇の列で待たされても、仕方がない、待つことにします。おそらく最初は、いらいらしながら待つでしょう。しかし、きっとしばらくすれば、のんびり、ゆったり待つことができるようになるでしょう。

それが世間のことを気にしない方法です。そして阿呆のやり方です。

もう一つあります。それは歩道を来る自転車です。

交通法規では、例外的に自転車が歩道を走ることを許可されています。歩道では歩行者優先です。それなのに自転車がわが物顔に走っています。あれには腹が立ちます。そして現実にそれによって事故が起き、被害が生じているのに、警察は取締まろうとしません。

〈警察は何をしているのか?!〉

と息巻きたくなります。

しかし、そんなとき、わたしはインドを思い出します。

インドでは広い道路の中央部分しか舗装されていません。その舗装された部分を、牛に牽《ひ》かせた車や、のろいスピードで走るオンボロ車が走っています。そしてガタピシ車の後ろには〝HORN PLEASE〟(警笛を鳴らしてください)と書かれています。事実、警笛を鳴らせば、のろい車は舗装のない横によけてくれます。

インドでは、道路はみんなのものだ。それを譲り合って使うものだ。そういう了解が民衆のあいだに浸透しています。わたしはしばしばインドに旅をして、インド人のやり方を、

〈いいなあ……〉

と思っていました。そしてこれからは、あのときの心境に戻ろうと思います。

道路はみんなのものです。のろのろ歩きの老人も、自転車も、若者も、乳母車も、身障者も、みんなで譲り合って使うものです。

もっとも、なかにはけしからん人もいます。でも、そのけしからん人、乱暴な人、わが物顔に走る自転車だって、道路を利用する権利を有しています。〈もっとゆっくりと走るべきだ〉と、他人の走り方を気にしていてはいけません。他人は他人です。他人のことは気にするな！ です。わたしは、

〈どうぞお先に……〉

の精神で、人に譲ればいいのです。それが阿呆のやり方です。これからは、阿呆のやり方で行こうと思います。

しかし、勇ましいことを言っても、わたしがそれを実行できるか／否かは分かりません。失敗するかもしれません。そのときはお笑いください。

7　善悪の区別（＝批判）をしてはいけない

釈迦がこんなふうに教えています。

国の俗法に従い、是とするなかれ、非とするなかれ。（『中阿含経』四十三巻「拘楼瘦無諍経《くるそうむじようきよう》」）

その土地の習俗、慣行――それが国の俗法です――に従い、そのやり方が正しいとか、まちがっていると批判してはいけない。そういう意味です。

だが、これは、釈迦が出家者であったからこうなるのです。出家者は、政治・経済・社会から遊離しています。だから世間のあり方について馬耳東風を極《き》め込んでおればよいのです。

とはいえ、民主主義社会に生きるわれわれ在家の人間はそうは行きません。民主主義は、われわれ一人一人の政治への批判活動によって成り立ちます。選挙で一票を投ずるときには、われわれは批判者でなければなりません。

けれども、日常生活においては、われわれは批判者である必要はありません。日常生活においては、わたしたち庶民は、お互いに譲り合いの精神、すなわち阿呆の精神で生きたいものです。これからわたしは、阿呆になるつもりです。それが釈迦の教えにも通じるかと思います。

そのことは親鸞も言っています。

聖人のおほせには、善悪《ぜんあく》のふたつ惣《そう》じてもて存知《ぞんじ》せざるなり。(『歎異抄』結文)

親鸞聖人が言われた――「善か／悪かについて、自分は何も知らぬ」と。エスカレーターの片側をあけるのが善か／悪か、わたしたちには分かりません。いや、そんなことに関心を持つなというのが親鸞の考えでしょう。なぜ関心を持ってはいけないかといえば、親鸞はこう言います。

……煩悩《ぼんのう》具足《ぐそく》の凡夫、火宅無常の世界は、よろづのことみなもてそらごとたわごと、まことあることなきに、たゞ念仏のみぞまことにておはします……（同前）

わたしたちは煩悩にまみれた凡夫です。だから善／悪の判断はできません。それにこの世界は、有為転変の火宅です。すべてが嘘いつわりであって、真実なんてこれっぽっちもない。今日、善であったものが、明日には悪とされる。そういう世の中で、善／悪を判断したって仕方がない。

だから自分は仏教者として生きる（念仏のみぞまこと）と、親鸞は言っているのです。

だから、わたしも日常生活においては、世間のことは気にせず、阿呆な仏教者になって、「みなさんは、どうぞお先へ……」の精神で生きようと思っています。いま、わたしは〝阿呆な仏教者〟と書きましたが、これは「仏教者イコール阿呆」の意です。

深夜の住宅街を、けたたましく騒音を立てて走る暴走族。以前のわたしは、〈あんなことをやっていれば、いずれ彼らは事故で大怪我をするはめになる。あんな奴ら、死んじまえばよいのだ！〉
と思いました。でも、それは、分別のある人の判断ですね。
お地蔵さんならどう思われるか？ 路傍《ろぼう》にあってお地蔵さんは、〈おいおい、あまり無茶するなよ〉
と思いながらも、それでも暴走族の無事を願っておられるでしょう。
そのお地蔵さんの願いが、阿呆の願いにほかなりません。

8 「そのうち良くなるさ」

昔、引きこもりの親から、こんな述懐《じゅっかい》を聞きました。

その子は、中学三年のときに不登校になりました。最初、親はその子をぶん殴ったりして登校させようとしたのですが、

「のちには、親のほうがぶん殴られる始末です」

と、苦笑いされました。あちこちに相談に行ったがだめ。子どもは部屋に閉じ籠ったまま。夜になって暴れ回わり、窓ガラスを全部割ったり、大声をあげて叫び、隣近所から苦情がきます。十九歳になってもそんなありさまで、親は地獄にいる思いをしたといいます。

あるとき、夫婦でしみじみ話し合ったそうです。

「この子が引きこもりを続けるのであれば、それはそれで仕方がないよね。何も無理に外に出る必要はないんだよね」

そんな結論になりました。

「すると、そのとたん、息子は変わりました。もちろん、引きこもりをやめたわけではありません。けれども息子はちょっと明るくなり、やさしくなりました。昼間、台所にやって来て、

『お母さん、何か手伝おうか……』

と言ってくれたりします。結局、わたしたち夫婦が息子をいじめていたのですね。やっとそこに気づきました」

夫婦がそのように話されたことに、わたしは大きな感動を受けました。

親は子どもに世間の判断を押しつけています。世間の判断では、学校に行く子がいい子で、不登校の子は悪い子です。その判断に従って、子どもが不登校になれば、なんとか学校に行かせようとします。つまり、問題解決を目指すのです。しかしその「解決」は、たんに世間の判断に従っているだけで、真の解決ではありません。

真の解決とは何か？　それはまちがいなく息子が幸福になることです。そして息子が幸福になることによって、父も母も幸福になれます。でも、ほとんど

のケースにおいて、誰もそこに気づいていない。ただ世間の判断を息子に押しつけているだけです。

一方、息子のほうだって、その世間の判断は知っています。世間の判断によると、自分が学校に行かなければならないことをよく知っています。でも、行けない。それで悩んでいるのです。

要するに世間の知恵は、世間の判断に従って、世間の判断通りにすることが問題の解決になるのだとして、その方向で解決しようとするものです。そうして悩むんです。

悩むだけですめばいいけれども、かえって問題をこじらせ、息子が自殺したり、一家心中するはめになります。あるいは施設で息子が殺されたり、インチキ宗教団体に大金を巻き上げられたりします。

馬鹿ですよ、馬鹿。

もっと阿呆になりなさい。

阿呆は問題解決の知恵——世間の知恵——を持っていません。「わて、阿呆だんねん、そやから、どうしてええか、分かりまへん」となります。そして、その日一日を楽しく過ごす工夫をします。息子が学校に行きたくないと言えば、「そうか、ほんなら釣りにでも行こう……」ということになります。

つまり、阿呆は、世間のことも気にしなければ、明日の心配もしません。ユダヤ人がよく、

――イヒエ・トーブ――

と言います。「そのうち良くなるさ」の意味です。ユダヤ教の学者に、「ということは、現在が最低、最悪の状態とユダヤ人は認識しているのですか？　だから右肩上がりになると、ユダヤ人は考えているのですか？」と尋ねてみましたが、別段ユダヤ人は、現在を最悪と思っているのではなさそうです。

ともかく物事はだんだん良くなると、彼らは信じている。そう学者は教えてくれました。つまり、これが阿呆の考えです。一日や一か月、一年や十年、学校に行かなくてもいいや。そのうち良くなるさ。阿呆はそう信じています。

そのような阿呆になりましょうよ。

無理に息子を登校させようとして、家族のみんなが地獄の不幸を味わう。そういう馬鹿になってはいけません。わたしはそう思いますね。

9 「そのまんま、そのまんま」と唱えてみる

仏教講演会のあと、二十九歳の引きこもりの青年から相談を受けました。彼は中学生のころに不登校になり、以後ずっと引きこもりでいます。

「先生、どうしたらいいですか？」

と、青年に問われて、わたしはすぐさま阿呆の智慧でもって答えました。

「きみね、せっかく引きこもりになったんだろう……。では、もうしばらく、引きこもりでいたら……」

青年はにこっと笑いました。すばらしい笑顔でした。

世間の知恵は、「すぐに引きこもりをやめなさい！」と言います。でも、「やめろ！」と言われて、すぐにやめられますか?! そこで阿呆の智慧は、あえて問題解決をしませんので「もうしばらく続けてみたら……」となります。そして、縁が熟したら、やめられるようになります。そういう縁に恵まれなかった

ら、まだしばらく続ければよい。それが阿呆の言うことです。

そしてわたしは青年に言いました。

「きみね、苦しくなることがあるだろう。そんなときに唱える呪文を教えてあげる。それは、『南無そのまんま、そのまんま』だよ。これを十回唱えてごらん。十回でだめなら、二十回、三十回、百回、千回唱えてごらん」

〝南無〟とは、前にも言いましたが、インドのサンスクリット語の〝ナモー〟を音訳したもので、「おまかせします」といった意味。〝南無阿弥陀仏〟は阿弥陀仏におまかせしますで、〝南無妙法蓮華経〟は『妙法蓮華経』(『法華経』のこと)の教えにおまかせしますといった意味です。

〝南無そのまんま〟は、そういう特定の仏ではなしに、仏でもいいし神でもいい、何か絶対者に自分をおまかせします、といった意思表明だと思ってください。そして、まかせた以上は何もせず、ただ阿呆になっていればいいのです。

これは引きこもりだけではありません。あなたが貧乏であっても、「南無そのまんま、そのまんま」です。病気になっても、「南無そのまんま、そのまんま」。親が亡くなり、わが子に先立たれても、夫や妻が死んでも、「南無そのまんま、そのまんま」です。

悲しいときは泣いていればいいのです。死んだ子どものために何か記念になることをやれば、かえって悲しみが深まります。

あまり過去を気にしてはいけません。阿呆になって泣いていればいいのです。

あなたが貧乏であっても、そのまんま貧乏を楽しんでいればよい。無理に金持ちになろうと努力すれば、かえって馬鹿な目をみます。

病気は治るまでは治りません。早く病気を治そうとしてあせると、かえって病気の治りが遅いと思います。阿呆になって、「南無そのまんま、そのまんま」と唱えていればいいでしょう。

しかし、誤解しないでください。わたしは医者の治療を受けてはいけない、と言っているのではありません。医者の治療を受けてもよいのですが、病気を治すのは医者ではありません。あなたが治すのです。あなたの体の中にある自然治癒力が病気を治します。医者は自然治癒力を高める手伝いをしているだけです。だからあなたは、医者の治療を受けながら、「南無そのまんま、そのまんま」を唱えるとよいでしょう。

10 「このまま」でいてはいけない！

わたしの「南無そのまんま、そのまんま」を聞いて、

「先生、わたしは怠け者なんです。でも、わたしはこのまま怠け者でいていいのですよね……」

と言われた人がいました。わたしはびっくりしました。その人はわたしの話を誤解しています。それでわたしは、

「いいえ、あなたは〝このまま〟でいてはいけません。〝そのまんま〟でいなければならないのです」

と答えました。そのわたしの応答に、こんどはその人のほうがきょとんとさ

れていました。

ここのところは分かりにくいかもしれませんが、簡単にいえば、「このまま」は……世間の判断であり、「そのまんま」は……仏の判断です。

したがって、「このまま」と「そのまんま」はまったく違ったものです。

あなたが、「わたしはこのまま怠け者でいていいのですか?」と訊けば、それは世間に判断を求めていることになります。具体的には、あなたが病気をして会社を休んだ。もう少し静養していたいので、「あと一週間ばかり休んでいいですか?」と判断を求めます。

それに対して、社長が判断を下す。それが「このまま」です。

親が子どもに言います。「あなた、このままじゃだめよ。もう少しがんばりなさい」と。この親の判断が世間の判断であり、「このまま」でいいかどうかを判断しているのです。まあ、たいていは、

「このままじゃだめよ」

になりますね。世間はなかなかわたしたちを許してくれません。

それに対して「そのまんまでいいんだよ」と言ってくださるのは仏です。阿弥陀仏か釈迦仏か、それとも大日如来か。キリスト教徒であれば、これは神だと思ってください。

すなわち、世間の判断が「このまま」で、たいていの場合は、「このままじゃだめよ。もっとがんばりなさい」になります。息子が不登校になった。このままじゃだめだ。なんとか学校に行かせよう……となるのが世間の親たち。場合によっては、それが成功することもあります。そしてその人が、『わたしはこのようにして成功した』といった本を書いて、それを読んでそのやり方を採用して、そして成功する人もいます。

でも、忘れてならないのは、十人の成功の背後には百人、千人の失敗があることです。「わたしはあの教祖様によって救われました」と奇跡的なご利益を語る教団の信者もいますが、その百倍、千倍の人が、その教祖によって泣かされているのです。柳の下にいつも泥鰌《どじょう》がいるとはかぎりませんよ。いや、ほとんどの場合、柳の下に泥鰌がいるわけではありません。世間はそれほど甘くないのです。

にもかかわらず、多くの人が世間の知恵でもって問題を解決しようとします。なんとかして、子どもを登校させようとする。

その結果、子どもが自殺したり、凶暴になって親を殺したりします。馬鹿じゃないですか──。子どもが不登校になっても、ただ学校に行かないだけじゃないですか。「角《つの》を矯《た》めて牛を殺す」といった慣用句がありますが、ただ学校に行かないだけ（それが世間の人が言う欠点です）の子を、それだけの理由で殺してしまいたいのですか?!

そんなとき、仏が言われます。

「子どもが登校拒否をした。ああ、そう。それなら、そのままでいいんだよ。世間がどう言おうと、あなたは気にしない。子どもの将来なんて、気にする必要はないんだよ。学校に行かなくても、幸せに生きている人が大勢いるんだからね。子どもの将来のことは、わたしにまかせておきなさい。あなたがた両親は、わが子をそのまんま幸せにしてあげなさい。学校に行かないそのまんまで、今日の一日を親子で楽しく過ごせばいいんだよ」

要するに、親も子も、阿呆になればいいのです。

仏は阿呆のすすめをしておられます。
そのまんま、そのまんま――です。

11　どうせお金を使うのなら……

江戸時代の初期に、鈴木正三《しょうさん》（一五七九―一六五五）という禅僧がいます。彼は関ヶ原や大坂の陣にも徳川家の武士として出陣しましたが、元和六（一六二〇）年に出家して曹洞宗の僧になりました。俗名の〝正三〟をそのまま僧名にしています。

その正三に、『驢鞍橋《ろあんきょう》』という著作があります。それに、次の話があります。正三は行脚《あんぎゃ》のとき、わざわざ悪い宿を選んで泊るのです。そこで弟子が言いました。

「同じお金を払うのであれば、悪い宿に泊るのはやめたほうがよいではないですか」と。

それに対する正三の返答がおもしろい。

「同じ銭を出すならば、人の為に成《なる》やうにせでは。能宿《よきやど》は人毎に借間《かるあいだ》事不レ欠。悪き宿の人に借《から》れず、つゝきかぬる処に助留《たすけどまり》に留《とまり》たるは、功徳に非ずや。少《すこし》我身不自由なる分は、一夜のこと也」

同じお金を払うのであれば、人のためにしたほうがよい。良い宿は多くの人が泊るのだから、困りはしない。悪い宿は人が泊ってくれないので、経営不振になっている。そこに泊ってやるのが、言うならば「助留《たすけどまり》（援助宿泊）」であり、功徳ではないか。たしかにちょっと不便である。でも、たった一夜のことだから辛抱すればよい――。それが正三の理屈です。なかなかいいですね。

しかし、わたしが最初にこれを読んだとき、この理屈に全面的に賛成できませんでした。なるほど正三の理屈はよく分かります。けれども、悪い旅館が経営不振に陥るのは、自己責任です。施設もよくない、サービスも悪いということで、旅人が泊ってくれなくなったのです。それから、良い旅館は、それなりに設備投資をし、サービスにも気を使っています。いわば投資が大きいから利益が大きくなる。優良品と安物の粗悪品と並べて、粗悪品のほうを買われたのでは、優良品を売っている店が迷惑します。粗悪品を同じ値段で売る店なんか、むしろ早く潰してしまったほうがよい。わたしはそのように考えたこともあります。

どうもわたしは、「資本の論理」にしてやられていたようです。老夫婦が細々とやっている街の小さな商店に対する、大資本のスーパーがいう「資本の論理」を、知らず知らずのうちに代弁していました。いまではすっかり反省しています……と書きかけて、前にわたしは「反省するな！」と言ったことを思い出しました。矛盾しています。反省するのではなしに、謝罪します。これならいいでしょう。

わたしがまちがったのは、じつはわたしが世間を気にしていたからです。「資本の論理」は世間の論理です。利益の大小、サービス改善、経営努力、設備投資……などといったことは、すべて世間の問題です。そして、そんな世間の問題に関心を持つのは、世間の人のすることです。

阿呆は、世間のことに関心を持ちません。

そして鈴木正三は阿呆です。

「わしは阿呆や。阿呆は旅館の経営法なんて知らん。だが、現実にさびれた旅館があれば、かわいそうだと思う。だから、わざわざそちらのほうに泊まることにしている。なに、不便といっても、たった一晩のことだから、ちょっと辛抱すればよい」

それが正三の言い分です。わたしは正三に脱帽します。

12 ほんのちょっと損をする

阿呆というのは、

――ほんのちょっとの損ぐらい、自分は辛抱できる――

と考えることのできる人をいいます。

じつは、このような心情は、昔は、多かれ少なかれみんなが持っていまし

た。夏目漱石は『三四郎』の中で、

人間はね、自分が困らない程度内で、成《な》る可《べ》く人に親切がして見たいものだ。

と言っています。大損をするのは困ります。でも、たった一晩ぐらい、サービスの悪い旅館に泊ってもいいではありませんか。それでその旅館の人が助かるなら、こちらもうれしい。昔は、人々はそう考えました。

けれども昨今は、そういう考えは流行《はや》らなくなりました。「一円だって損するものか」と、人々はさもしくなりました。街の八百屋さん、魚屋さんで買ってあげればよいものを、一円二円安いというだけでみんなスーパーに行きます。

なぜでしょうか? たぶん、それだけ資本主義の論理が人々のあいだに浸透したのでしょう。でも、そんな世間の趨勢《すうせい》はどうでもいいですよね。われわれは世間には関心がありません。

われわれは、自分が阿呆になる。それだけでよいのです。

阿呆になって、ほんのちょっと損をする。大損する必要はありません。自分が困らない程度の損をする。それが阿呆の生き方です。

昔、息子が大学生のとき、一緒に始発電車に乗りました。始発電車だから空席はいっぱいあるのに、息子は立ったままです。なぜ座らないのか？　と訊くわたしに、

「お父さん、この電車はね、あと二、三駅も行けば超満員になるんだよ。だからぼくは立っている」

と、理由を説明しました。それは分からないでもありませんが、満員になれば、そのとき人に座席を譲ればよいではないか……と、そのときわたしは思いました。

だが、息子のほうが正しかったのです。正しかったと言うより、息子は阿呆だったのです。

それに関しては、次のような道元の言葉があります。

その布施といふは不貪《ふとん》なり。不貪といふは、むさぼらざるなり。(『正法眼《しょうぼうげん》

蔵《ぞう》』菩《ぼ》提《だい》薩《さつ》埵《た》四《し》摂法《しょうぼう》)

われわれは、「布施」というのは人にものを施すことだと思っています。たしかに、ものを施すのも布施です。しかし道元は、むしろ欲望を抑えることが布施だというのです。

A社の売り上げが増せば、B社の売り上げは減ります。経済成長時代は、A社もB社もともに売り上げ増になったかもしれませんが、マーケット・シェア(市場占有率)でいえばA社の増大はB社の減小になります。そこで、A社が欲望を抑えて、売り上げを増大させなければ、それが布施になっていると道元は言うのです。でもね、資本主義社会においては、そんなことできるはずがありませんが……。

それはそうとして、わが息子の行動が、わたしは真の「布施」だと思います。

電車の中で座わらずに立っているのは疲れます。でも、自分は若いんだから、少しぐらい疲れたってかまわない。だから、座りたい人に座わってもらおう。そうして立っているのが布施です。

もちろん、「さあ、どうぞ」と席を譲るのも布施です。しかし、ときどき、譲られて腹を立てる人もいます。「人を年寄り扱いしやがって」と怒る人がおいでになる。それよりは、空席にしておけば、座わりたい人が座わるのだから、すばらしい布施です。

だとすれば、道元は、「布施とは不貪なり」と言いましたが、われわれはこれを、

「布施とは、ちょっと損をすることだ」

と言いましょう。それは阿呆のすることなんです。

13　阿呆の満足感を味わう

わたしは最近、ごくたまではありますが、「ほんのちょっと損をする布施」を実践しています。

たとえば、量販店に行かずに、街の電気屋さんや時計屋さんを利用します。また、汚ない店や、人の入っていない店で飲食したり。ところが、困った（？）ことに、わたしがわざわざ誰も入っていないうどん屋さんに入ると、たぶん利用客がいるのでそれに釣られて、あとから客が入って来ます。大繁盛の店になります。〈繁盛している店に入るつもりはなかったのに……〉と思うのですが、これればかりはどうしようもありません。

あるとき、浄土真宗の寺で講演を頼まれていたので、駅からタクシーを利用しました。先方から郵送された地図を運転手に渡したのですが、着いたところは違うお寺です。

地図には道順が示されていたのですが、運転手はそれを無視して、まちがった寺に案内したわけです。そこでもう一度出発点の駅に戻って、道順通りに行ってもらいました。

その結果、わたしは少し遅刻してしまいました。

腹が立ちましたが、そのとき、わたしは運転手に、料金に加算してちょっとしたチップを払いました。そして、「ありがとうございました」とていねいに挨拶して車を降りた。運転手はびっくりしていました。

これは、わたしがそのとき、「ちょっと損をする布施」をしようと思ったからです。

腹を立ててガミガミ文句を言っても、事態が良くなるわけではありません。腹を立てるのは、第二の矢を受けたことになります。そしてそうすれば、わたしの心の中でいつまでも怒りの火が燃え続けます。それはわたしが過去を引きずっているのです。

それよりは、少しチップをはずんで、「ありがとう」とやったほうが、気分がさっぱりします。いまのわたしには、五百円やそこらのチップは、「ほんのちょっとの損」です。ほんのちょっとの損をするのが阿呆のやり方。

あの日、わたしは気分がよかったですね。立派な阿呆になれた満足感を味わいました。

あとがき――世界も人生もすべてが芝居なのだから

イギリスの劇作家のシェイクスピア（一五六四―一六一六）は『お気に召すまま』の中で、登場人物の一人にこんな台詞を喋べらせています。


世界はすべてお芝居だ。

男と女、とりどりに、すべて役者にすぎぬのだ。（阿部知二訳、岩波文庫）

これは、ヨーロッパに古くからあった、

――世界劇場（Theatrum mundi）――

の観念にもとづくものです。すなわち、人間は、神から与えられた配役を神に操られて演ずる役者であり、世界はそのための舞台だ、というのです。

なるほど、人生は芝居です。

わたしたちは役者。そしてシナリオ・ライターは神。仏教的には脚本家は阿弥陀仏、釈迦仏、大日如来といったところでしょうか。

で、配役はいろいろあります。王様もいれば乞食《こじき》もいます。大金持ちもいれば貧乏人もいます。権力者もいるし虐《しいた》げられた人もいます。若いピチピチ・ギャル、しょぼくれ老人、プロ野球の花形スター、そうかと思えば麻薬で刑務所に入る人もいます。本当にさまざまです。なかには、損な役割を演じなければならない人もいます。

いや、ほとんどの役柄が、損な役柄だと思います。煌々《こうこう》とライトを浴びる大スターなんて、ほんのごくわずか。われわれ庶民は、まあたいていが損な役柄です。

その損な役柄を演じなければならない人間が、欲に狂って人生を生きるのは馬鹿げています。わたしたちは、どうせ損な役割を演じなければならないのだから、その上にほんの少し損を加算したっていいじゃありませんか。そういう生き方をしたいものです。

すなわち、阿呆な生き方をしましょう。

といった提言でもって、わたしは本書を閉じます。

二〇一六年一〇月

ひろ さちや

著者紹介
ひろさちや
1936年、大阪府生まれ。東京大学文学部印度哲学科卒業。同大学院人文科学研究科印度哲学専攻博士課程修了。65年から85年まで、気象大学校教授を務める。膨大で難解な仏教思想を、逆説やユーモアを駆使してやさしく説く語り口は、年齢・性別を超えて好評を博している。
著書に、『釈迦とイエス』（新潮選書）、『「狂い」のすすめ』（集英社新書）、『病気に振り回されない生き方』（ぶんか社文庫）、『阿呆のすすめ』（青春出版社）、『お葬式をどうするか』（ＰＨＰ新書）、『[愛蔵版] がんばらない、がんばらない』（ＰＨＰ研究所）など多数がある。

本文デザイン　片岡忠彦（ニジソラ）

本書は、書き下ろし作品です。

ＰＨＰ文庫　気にしない、気にしない

2016年11月15日　第１版第１刷

著　者　ひろさちや
発行者　岡　修平
発行所　株式会社ＰＨＰ研究所
東京本部　〒135-8137 江東区豊洲5-6-52
文庫出版部　☎03-3520-9617(編集)
普及一部　☎03-3520-9630(販売)
京都本部　〒601-8411 京都市南区西九条北ノ内町11
PHP INTERFACE　http://www.php.co.jp/
組　版　朝日メディアインターナショナル株式会社
印刷所
製本所　共同印刷株式会社

ISBN978-4-569-76624-9

がんばらない、がんばらない

ひろさちや 著

過去を反省しない、未来に期待しない、「がんばる」のをやめる……仏教思想に基づく意外なヒントの数々。不思議と心が穏やかになる一冊。

定価 本体四七六円（税別）

PHP文庫好評既刊

学校では教えてくれない宗教の授業

ひろさちや 著

「キリスト教、イスラム教、ユダヤ教。同じ神様なのに、どこが違うのか？」など、学校では教えてくれない宗教の基礎知識を完全解説！

定価 本体六六七円(税別)